企业资源计划（ERP）案例汇编

主 编　常　丹　苟娟琼　吕希艳　刘会齐

北京交通大学出版社

·北京·

内 容 简 介

　　本书通过对实施 ERP 的企业进行多方资料采集，结合 ERP 原理完成案例汇编，力求深入浅出地阐述 ERP 系统的框架及基本流程，重点分析企业如何通过 ERP 解决供应链管理、生产管理、财务管理方面的问题，并介绍了 ERP 系统的实施方法论，并进一步探讨 ERP 的发展问题。

　　本书案例与分析紧密结合，可作为高等院校管理类专业的教材，也可作为企业信息化管理人员的参考用书。

图书在版编目（CIP）数据

企业资源计划（ERP）案例汇编/常丹等主编 . —北京：北京交通大学出版社，2020.8
ISBN 978 - 7 - 5121 - 4266 - 4

Ⅰ . ①企…　　Ⅱ . ①常…　　Ⅲ . ①企业管理-计算机管理-系统-案例　　Ⅳ . ①F272.7

中国版本图书馆 CIP 数据核字（2020）第 121870 号

企业资源计划（ERP）案例汇编
QIYE ZIYUAN JIHUA（ERP）ANLI HUIBIAN

责任编辑：田秀青
出版发行：北京交通大学出版社　　　　电话：010 - 51686414　　http：//www.bjtup.com.cn
地　　址：北京市海淀区高梁桥斜街 44 号　邮编：100044
印 刷 者：艺堂印刷（天津）有限公司
经　　销：全国新华书店
开　　本：185 mm×230 mm　　印张：7.25　　字数：162 千字
版 印 次：2020 年 8 月第 1 版　　2020 年 8 月第 1 次印刷
印　　数：1~1 000 册　　定价：29.00 元

本书如有质量问题，请向北京交通大学出版社质监组反映。对您的意见和批评，我们表示欢迎和感谢。
投诉电话：010 - 51686043，51686008；传真：010 - 62225406；E-mail：press@ bjtu. edu. cn。

前　　言

在信息技术高速发展和 ERP 管理思想普及的当前，无论是企业单位还是事业单位均需要大量的掌握 ERP 理论和实践的应用型人才。然而，ERP 作为新时期科技和管理发展的新成果，复合型 ERP 人才的培养仍处在不断的探索过程中。虽然 ERP 原理、实践等方面教材种类繁多并趋于成熟，但是 ERP 案例目前仅仅局限于系统实施的介绍和扩展，而 ERP 各功能方面的案例还比较少，这方面的教材较为缺乏。

案例分析一直是管理学科的重要学习方法之一。通过大量、丰富的案例分析，可以了解管理理论、方法在实际企业管理中是如何应用的。通过学习本案例汇编教材，可以帮助读者将 ERP 理论与实践结合起来，掌握在企业中是如何处理 ERP 的实际问题的。通过 ERP 案例研讨，了解信息系统与企业管理间的关系，掌握 ERP 项目实施的关键决策因素和组织实施方法。将所学的知识融会贯通，了解 ERP 解决方案的设计思想方法，培养思辨能力，突破传统思维，提高分析问题和解决问题的能力。

本案例汇编先编自常丹教授、苟娟琼教授、吕希艳副教授、刘会齐老师主持完成的北京交通大学课改项目"企业资源计划（ERP）课程教学案例汇编"中的研究成果。在这本案例汇编中共收集了 7 个案例，反映了我国某些企业在信息化发展过程中管理功能方面的真实历程，并根据各案例企业的特点，分别设计了针对性的案例分析，帮助读者理解 ERP 的相关知识。本案例汇编虽然只是在信息化大潮中涌起的几朵浪花，但在案例作者们辛苦工作和细致深入的调查后，经过系统的归纳整理，形成了这样规范完整而富有启迪意义的文字。

本案例汇编一方面解决"ERP 到底能做什么，怎么做"这些基本问题，另一方面解决如何通过企业中 ERP 案例的讲述，使读者可以直观地了解各种场景下的企业经营管理的状况，并理解企业管理中存在的问题以及针对问题使用信息化手段提供的解决方案及设计思想。本案例汇编的特色与主要内容如下：

1. 内容全面，结构清晰

本书总共包括 7 个案例，每个案例相互独立又密切相关。第 1 个案例和第 2 个案例介绍了 ERP 系统的整体框架和基本流程，向读者回答了"ERP 是什么""ERP 的组织架构是什么"问题；第 3、第 4、第 5 个案例通过对企业经营过程中主要经营过程的分析，分别结合企业案例，从企业供应链管理、生产管理、财务管理三方面上所面临的问题出发，分析企业在引入 ERP 后是如何解决这些问题的，帮助读者熟悉企业的业务流程，也回答了"ERP 是怎么运作的"问题；第 6 个案例通过对 ERP 系统的实施讨论，系统介绍了 ERP 的实施方法论，进一步回答了"怎么做好"问题；第 7 个案例以企业智能制造转型为主线，回答了"ERP 的发展"问题。

2. 故事真实，情节生动

在这些案例中，有的反映了企业信息化取得的成就和效益，有的反映了企业正在探索、发展信息化过程中所遇到的困惑和障碍。作者的目的就是用生动的故事情节，力图反映在我国信息化的浪潮中，这些企业的信息化建设过程中所遇到的问题和解决方法。这里没有板起面孔的说教，也没有枯燥无味的套话，每一个案例都是通过对真实企业的实地调查，经过反复思考和分析整理而成的。因此，它们的魅力就在于真实性和可信性，它们是值得读者花时间去仔细阅读和认真思考的。由于企业保密的要求，本案例汇编中涉及的人物和企业均采用化名，如有雷同，纯属巧合，敬请谅解。本案例汇编所涉及的细节只供学习讨论之用，并无意暗示或说明某种管理行为是否有效。

3. 理论与实践紧密结合

现代化信息系统的应用在于解决企业的实际问题，但在实际教学中发现，许多读者并不清楚企业的运作方式，很难全面地分析企业的实际问题。鉴于此，本案例汇编突出以下思路：首先以生动的故事情节讲述企业中传统的或在没有集成信息系统支持下的企业运行方式及存在的问题；然后引入 ERP 解决企业运作中的困惑，其中每一个故事情节都对应着相应的理论评述，让读者更容易地理解和掌握 ERP 的理论；最后通过案例分析，进一步使读者理解管理信息系统完整的运作模式、管理方法和系统的解决方案。

本案例汇编由北京交通大学常丹教授、苟娟琼教授、吕希艳副教授、刘会齐老师总体设计、主编。第 1 个案例由常丹教授编写，第 2 个案例由吕希艳副教授编写，第 3、4、5 个案例由常丹教授编写，第 6 个案例由刘会齐老师编写，第 7 个案例由苟娟琼教授编写。北京交通大学经济管理学院硕士研究生樊泽洲、王璇赫、樊睿、桂昊宇、曹鹏辉、齐青宇、李梓默同学做了大量材料搜集、企业调研等工作。

本案例汇编可作为信息管理类、工商管理类、企业管理类、计算机管理类本科生教材，也可作为相关专业硕士生、MBA 研究生、从事企业管理、信息管理、企业信息化等高级管理人员的培训和参考资料。

本案例汇编得到北京交通大学研究生院的立项支持，在此表示感谢。此外，向中国管理案例共享中心以及本案例汇编中参考、引用的文献作者表示感谢。

限于作者的经验和水平有限，书中不妥之处在所难免，敬请读者批评指正。

编　者

2020 年 3 月

目　录

希达：ERP 助力企业蓝图构建

摘要：本案例首先描述了希达造纸有限公司经营中出现的问题，为化解当前的困境，公司通过编制 ERP 组织架构书，构建企业经营蓝图。其次，在规划蓝图时，以销售部门出现的紧急订单为线索，发现了销售部门存在的问题。在生产过程中，一次简单的订单改变，公司发现了生产部门中生产计划的不合理性，同时也间接引出了采购供货不及时以及库存管理方面的问题。最后，通过引入人力资源管理，从不同的角度对这些问题进行了全新的阐述。

关键词：ERP 组织架构；销售管理；生产管理；人力资源管理；采购和库存管理

 引言

2010 年 11 月 1 日，正值深秋，窗外树叶带着不舍飘离大树母亲，散落了一地忧伤。樊建国轻轻叹了一口气，回想起昨天与董事长的对话，担忧自己也会变成一片飘零的落叶。董事长坐在樊建国对面喝了一口咖啡，用审视的目光看了一眼樊建国，然后给他看了公司最近两年的报表，2009、2010 两年累计亏损 3 667 万元，负债 8 000 万元，还存在较大的潜亏。董事长限他三个月之内给董事局一份满意的整改方案，否则，让他另谋高就。

作为希达造纸有限公司的总经理，樊建国对于公司存在的问题一直清楚，同时，也想过各种办法去解决，可是一直都是治标不治本，无法转亏为盈。这次董事会给他下了最后通牒，但是具体怎么解决他根本没有思路，更别说提出一份好的整改方案。

一、企业介绍

希达造纸有限公司是一家成立于 1997 年 4 月的合资企业，其前身是苏州造纸厂。希达公司总资产 4.3 亿元人民币，浆纸年综合生产能力达 7 万 t，主要产品是以精制牛皮纸为主导系列的工业用牛皮纸，拥有 62.1% 的市场份额。

希达造纸有限公司现有员工 3 300 人，其中本科以上学历占比超过 50%。董事长是公

司的最高领导，主要负责与董事局一起制定公司未来的发展战略；下设总经理一名，现任总经理是樊建国，负责董事局战略的执行；销售部的经理是李伟，主要负责公司营销工作；生产部的经理是赵成，主要负责生产管理；人力资源部的经理是王鹏，主要负责公司人事的诸多事项；仓管部的经理是李文磊，主要负责库存的管理；采购部的经理是张强，主要负责生产原材料的采购管理；财务部的经理是张虎，主要负责公司财务管理。图1是希达造纸有限公司的组织架构图。

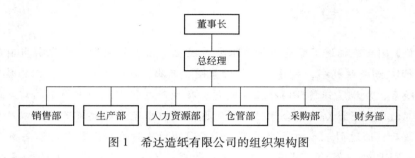

图 1　希达造纸有限公司的组织架构图

二、试问，路在何方

就在解决问题毫无思绪时，樊建国想起了自己的同学马健。马健大学期间学的是企业管理，毕业后进入咨询公司，擅长对不同规模、不同情况的问题企业给出解决方案，经过多年的经验积累，现任维普咨询公司的总经理。樊建国随即拨通了马健的电话，在电话里向他说了自己现在所处的困境，同时也表明了自己不知该如何下手的难处。马健接完樊建国的电话之后，坐立不安。电话里，樊建国尽管没有把公司目前的情况说得特别详细，但是咨询出身的他，很快意识到了问题的严重性。如果处理不好公司未来可能会一直面临这样的窘境，而且将会影响这位老同学的前途，所以他马上就让秘书订了下午到苏州的机票。

樊建国正在办公室里踱来踱去，紧缩眉头思考怎么制订整改方案，马健突然走了进来。看着自己老朋友的到来，樊建国长舒了一口气，说："你终于来了，我的救星，快给我指条明路。"马健不紧不慢地走到沙发边上，吊足了樊建国的胃口，然后严肃地说："在日趋激烈的市场竞争和金融危机的双重挑战下，要想使企业涅槃重生，具备国际水平的核心竞争力，实现真正意义上的现代化管理，有一个法宝可以解决你现在的困境——实施ERP项目。所以构建ERP组织架构是一个不错的选择。"樊建国思索了一会，显然不太了解ERP的具体信息，问："可以具体说说ERP组织架构吗？"马健看着樊建国微笑地说：

"ERP 组织架构是通过对公司业务现状的调研分析，梳理出业务的信息流、物流和资金流的处理模型。通俗地说，就是对企业进行全面的诊断，然后开出一份治愈病症药方。"马健感觉樊建国没听懂，接着补充道："构建 ERP 组织架构的过程就是企业将现有业务流程转化为新系统业务流程的过程。"樊建国沉思了一会说："这其实就是将企业现存的问题通过彻底的业务流程转变进行优化。"马健微笑着说："可以这么理解，那具体怎么做，你应该比我更清楚了吧。"

虽说这几年公司在樊建国的领导下走了下坡路，但是他的能力却不容小觑。他不是公司空降的"太子党"，而是凭实力从基层干起一步步升到总经理的职位，所以很快就确定了 ERP 组织架构的具体实施方案。为了能更好地了解公司的症结所在，并在项目实施时能够发挥每个人的项目管理专长，从而起到推动作用，樊建国建立了以他为首，马健为顾问，中层业务主管为核心的项目小组。

三、由订单引出蓝图

改革方向已经确定，那接下来就需要大干一场了。但是怎么干，这就需要系统性地进行改进。正所谓打蛇打七寸，解决问题找主要矛盾，所以必须找到导致亏损的主要部门。公司为什么亏损 3 667 万元？樊建国与马健调查分析后发现，主要的问题部门是销售部。作为公司的一线部门，销售部近几年的销量一直欠佳，以至于没有给公司创造应得的销售利润。

（一）订单出现

关键点已经找到，但是具体怎么做，项目小组开会讨论了几次，仍没有丝毫头绪。就在工作进度停滞不前的时候，销售部接到了一个紧急订单。得知了这个消息后，樊建国让销售部经理李伟给他拿一份客户的详细资料，以便了解这次订单的具体情况。李伟说："我马上去收集。"樊建国一听，脸阴沉着说："你的工作是怎么做的？竟然不清楚客户的具体信息，知己知彼才能百战百胜，客户的详细信息都没有，那你怎么满足对方的需求呢？"

马健一眼看出樊建国的生气与失望，马上出来圆场，假装训斥李伟："面对竞争日益激烈的市场环境，客户就是企业生存的基础，企业的一切经营活动都应以满足客户的需求为中心，所以必须对客户信息进行科学有效的管理，并根据客户需求提供差异化服务。建立信息档案，进行分类处理，进而提供针对性的服务，最大限度地保留老客户和争取新客户。""马总，训得对。我一直忽略这个问题，这块短板马上补上。我马上让员工去收集客户的信息，建立客户档案。"李伟冲着马健点了点头，表达了一下感谢，然后看向樊建国：

"樊总，我们根据客户需求信息编制了销售订单。可是生产部那边说，按销售订单上的时间交货有点难，您看怎么解决？"樊建国没有说话，看向了马健。马健无奈地说："在如今市场环境下，企业接到客户订单时，往往客户所要求的交货期提前期短于产品的生产提前期，因此企业必须具备较强预测能力，提前把工作做好，这样才能在客户发出紧急订单后有充足的准备。"

李伟听完特别认同，同时趁着这次机会也提出了另一个疑惑："听说马总是 ERP 方面的专家，我听说 ERP 销售管理可以进行销售分析，不知道是怎么做到的，有什么作用？""销售分析是信息化时代的产物，它是指从产品的销售计划开始，对产品的销售地区、客户各种信息进行管理和统计，并进一步对销售数量、销售金额和销售利润等做出全面分析，从而对企业实际的销售情况效果做出评价。通过销售分析，最简单的作用就是检查实际销售额与目标销售额的差距；战略方面，可以验证企业的销售策略是否正确，等等。"马健沉思了一会认真地回答道，"ERP 最主要的作用之一就是将信息进行集成，为管理者的决策提供参考。"

由于销售部的销售管理是 ERP 的一个重要计划层次，也是打响构建 ERP 企业架构书的第一枪，所以樊建国等到销售部正式接单并且确定生产后才离开。

（二）生产订单

销售管理的主要架构很快就搭建起来了。接下来，樊建国毫不犹豫地将下一个目标指向了生产管理。生产部说按照订单时间交货有点难，可是做生产出身的樊建国觉得这点订单不至于让生产部产能紧张。所以这个时间去，一方面可以监工，另一方面也可以在实践中发现问题。

生产部根据订单内容，很快就明确了具体生产什么产品。接着，根据产品推算出了产品的零部件和原材料的需求数量，进行了紧急采购。同时，各生产车间主任上报自己的生产能力。然而，客户临时改变订单，这就导致了各种生产计划随之改变，同时引起制造活动和物料安排的混乱。在樊建国的领导下，最后好不容易解决了这些问题，加班加点勉强按时交了订单。在这个过程中暴露出了生产部生产计划能力的严重不足。

在生产总结会议上，樊建国严肃地指出了这个问题，说："这次紧急订单虽然如约交付，但是同时暴露出了生产管理的严重问题。生产部经理赵成需要认真反思，给我交一份改善建议。"很快生产部的改善建议就送到了樊建国的办公桌上，赵成站在自己的角度上提出了自己的看法。但是，都是一些细枝末节的小改进，没有什么大的创新。樊建国很是无奈，只能请马健来参谋一下。马健看完这些改进方案，眉头紧锁，说："这种抱着不求有功但求无错心态写的改进方案，不痛不痒没什么可用之处。我看公司最大的问题并不是出在销售部，而是出在生产部。生产部要以销售部的销售计划为基准来制订自己的生产计划，否则很可能出现产销脱节问题。要么生产出来的产品不能销售，要么像这次一样要销售的产品却没有生产。当然，由于市场的瞬息万变，销售部有时也无法确定客户的突然要求，当出现紧急订单时，生产部要根据以往的出货及当前的库存情况去安排计划，确保按时交货。对于一个像希达这样的制造企业来说，生产管理的关键点之一就是制订好生产计划。"

（三）不合格的采购与库存

生产部的架构就在慌忙与紧促中由马健总结出来了。接下来，开始对这次生产、采购和库存过程中存在的问题进行清算。在这次紧急订单任务完成过程中，生产部的生产效率低下的原因之一就是采购部的原材料迟迟无法到货。

1. 迟到的原材料

"为什么你的原材料订单迟迟不到货？"樊建国因为这件事，质问采购员小汪。小汪委屈地低了下头，说："樊总，原材料订单我们早就交给供应商了，但是供应商没能按合同上的交货日期按时完成生产。我都催了好几回了。"马健一看，樊建国要爆发了，马上出来圆场，说："这事怨小汪，其实也不能全怨小汪。现在公司没有把供应商管理放到采购的管理工作中来，一旦供应商出现问题，公司就会陷入非常被动的局面。所以日后下单时要慎重选择供应商，除了考虑价格因素外，还要考虑供应商的生产能力、时间观念、诚信状况等。"

看着樊建国的情绪稳定下来了，马健接着补充道："公司对于采购订单管理的认识也不到位，采购订单并不是等同于采购合同。采购订单反映了企业对供应商的具体供货要求，所以采购人员必须对供应商进行跟踪，多次与供应商沟通，监督生产状况，以给供应商造成压力。"看着马健耐心讲解的样子，樊建国语气也变得平和，说："小汪，除了做好供应商的管理和采购订单的管理，还需要加强到货管理的能力，确保收到的货物是符合要求的，收到的数量是正确的，不要因为原材料的质量问题影响生产部门的进度。"

小汪听完之后，说："各位领导说得特别好，不知道我理解得对不对。首先，生产部门根据物料需求计划形成采购计划，并将其递交给我们。我们再根据采购计划编制成采购订单，并向供应商发出采购订单。然后，供应商按计划供应货物，仓管部门根据订单接收货物、安排检验，确认合格后办理入库业务。最后，材料办理入库后，入库单提交财务部，并根据发票形成应付款。"

巡视完采购部之后，樊建国总结：当采购部接收物料需求计划或采购请购单后，会将其编制成采购计划，同时向供应商下达采购订单。但是，在下达采购订单时，就面临选择供应商的问题。选择什么样的供应商将会对企业的产品造成重要的影响。所以，采购部一定要加强对供应商的管理。另外，采购订单发给供货商之后，不能消极地等待，而需要对采购订单进行跟踪和催货。收到货物之后，要对货物进行验货，合格品交由仓管部入库，并将入库单提交财务部，不合格品生成退货单，进行退货处理。

采购管理业务处理流程图如图 2 所示。

图 2　采购管理业务处理流程图

2. 混乱的库存管理

库存是企业生产经营的基础，这次紧急订单处理过程中仓管部也难辞其咎。所以，樊建国没有打招呼就直接到了公司最大的一号仓库，里面的场景让他吃惊，货物毫无规则地散落在仓库，毫不亚于"双 11"之后的快递配送中心。樊建国找到值班的仓库管理员，让他找出编号为×××的货物，仓库管理员找了很久都没有找到。同时，仓管部的经理李文磊也到了，看到这个情况生气地训斥了仓管员。

樊建国看都没看李文磊，说："这个编号的货物是这次紧急订单才入库的原材料，刚刚入库的货物都找不到，已经入库有一段时间的货物又怎么能确保快速找到。库存管理的宗旨是什么？""以较低的成本保证较高的供货率。"李文磊紧张地说道，看樊建国没说话，又补充道，"新来的仓库管理员对业务不是特别熟悉，请樊总不要生气。"

樊建国接着去查看库存的成本，不看不知道，一看吓一跳，库存成本接近库存货物金额的 30%。在零库存管理理念日益成熟的今日，公司的库存管理水平达到一种近乎混乱和原始的地步。

如图 3 所示，在 ERP 系统中，MRP 需要相关物料，采购的物料通过库存接收入库，生产需要的原材料和零部件通过仓库发放，库存成本由成本和总账管理来核算。可以看出，库存管理是企业物料管理的核心，企业通过对各种物料、产成品以及其他资源进行管理和控制，使其储备保持在经济合理的水平上。

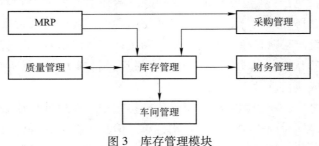

图 3　库存管理模块

（四）钱管好不是目的

做完上面的组织架构之后，樊建国本打算结束这份工作。由于还有财务管理的架构，马健就引导樊建国说："忙了那么久，不想去看看咱们挣了多少钱?""走，去财务部看看。"樊建国看看马健，微笑着说。由于樊建国的秘书已经给财务部打了招呼，所以到了之后，财务部经理张虎把关于这次紧急订单的所有会计凭证都拿到了会议室，显得特别专业。"这次紧急订单我们挣了多少啊?"樊建国看着这些凭证，很是欣慰。张虎是他一手从一个会计员提拔到经理这个位置的。张虎已经从樊总秘书那得知樊建国此行的目的，但还是装作不知道地回答："樊总，财务部现在的会计核算能力，我可以给您保证毫无问题。至于您提到的利润问题，据我了解应该是现在比较火的 ERP 中财务管理的功能。"樊建国听完，没有生气反而很高兴地说："没想到，你也对 ERP 也有研究啊，谈谈你对 ERP 中财务管理的看法。"

"传统的财务管理就是对企业的财务活动进行决策、预算、控制、分析，并对其所体现出来的各种财务关系进行协调、组织的一系列经济管理工作。它由总账、应收账、应付账、现金、固定资产、多币制等传统的部分组成。"张虎思索了一会，回答道，"财务管理主要实现会计核算功能，而 ERP 在会计核算的基础上，加上了对会计核算之后数据的分析，从而可以对财务活动进行相应的预测、管理和控制。"

樊建国欣慰地点了点头，说："现在的财务管好钱已经不是目的了，还需要对其分析。"并做出如下的财务管理架构的梳理。

如图 4 所示，ERP 中的财务管理系统与一般的财务管理不同。作为 ERP 系统中的一部分，它与系统的其他模块有相应的接口，能够相互集成，协同解决业务事项的会计核算和管理。例如，它可将由生产活动、采购活动输入的信息自动计入财务模块生成总账、会计报表，取消了输入凭证烦琐的过程，几乎完全替代以往传统的手工操作。一般 ERP 中的财务管理系统分为会计核算与财务管理两大部分。会计核算主要记录、核算、反映和分析资金在企业活动中的变动过程及其结果。它由总账、应收账款、应付账款、固定资产、工资管理、资金管理和多币制等部分构成。财务管理主要是基于会计核算的数据，再加以分析，从而进行相应的预测、管理和控制活动。它侧重于财务计划、控制、分析和预测。

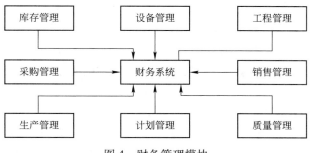

图 4　财务管理模块

（五）不一样的人力资源定位

一切调研工作都结束了，樊建国和马健正带领着项目小组进行 ERP 组织架构的最终完善。人力资源部的经理王鹏阴沉着脸走进了项目组的会议室，找到了樊建国，对他说："樊总，我想跟你谈谈。"

"说吧，谁惹你不高兴了。"樊建国心里比较疑惑，带着王鹏到了办公室。

1. 培训要系统化

"我听说樊总最近在调研中遇到了一些问题，我相信樊总也已经找到了一些解决的办法。但是，我想从别的角度谈谈这个问题。"看着樊建国点了点头，王鹏接着说道，"不合格的采购与库存，首先肯定是制度或者管理思想出了问题，但是从根本上看，我认为是人出了问题。"

看樊建国没有说话，王鹏接着补充道："大家对于库房管理的混乱都归结为管理问题，这点我也认同。但是，我私下了解了一下。仓管部的培训计划只进行了一小部分，根本没有系统化地展开，您询问的那个仓库管理员根本没有接受过专业性的培训。"

由此可见，那次库存事件虽然是管理问题，但也不单纯是管理问题。它让人们意识到，企业必须加强培训工作。加强培训工作，一方面可以使员工适应市场变化、环境变化、技术条件变化；另一方面，还可以满足员工自身的发展需要，使员工更充满活力。

2. 薪酬是根本

樊建国肯定地点了点头，说："王鹏，你是我新招来的人力经理，听说你之前一直在研究管理信息系统，据说还有很深的造诣。你从管理信息化的角度看看，企业现在最大的问题出在哪？该怎么解决？"

"在现代企业管理中，企业间的竞争，说到底就是人才的竞争。企业中人才的质量和数量决定着这个企业竞争力水平的高低。当今市场环境下，人才已经成为企业发展的战略资源，公司现在的问题也是人才的问题。"王鹏停下来，喝了口水，接着说："希达现在人才的流失导致了公司的竞争力明显不足。希达现在的离职率是30%，这是一个很可怕的数据。离职率高最主要的原因是薪资管理有问题。"樊建国点了点头，让他继续说。王鹏接着说："之前离职的制浆主任，属于关键技术岗位，可是工资却低于劳动力平均水平。还有，企业内部的薪酬分布平均化太明显。"

由此可见，薪酬设计要科学，调查数据要真实可靠，要有科学的职位评价体系。企业内部设立系统性的职位序列，建立公平付薪的依据。薪酬总额管理机制要合理，薪酬增长要有柔性。尤其是基本薪酬，与个人业绩挂钩，不与资历挂钩，能上能下。奖金奖励和福利保险计划要有柔性，能起到积极的激励作用。

人力资源部在希达原有的体制中并不占有很高的地位，但是在 ERP 中人力资源管理被提到了一个战略地位。王鹏看着凝结了整个部门智慧的人力资源架构书，忽然有些恍惚，仿佛看到自己坐在计算机旁，看着部门的各种报表，底气十足地发布各项命令，再也不用每次凭借经验，斟酌再三地发布一些决定。王鹏的脸上不经意地流露出了满意的微笑，让秘书把这份人力资源架构书递交给了樊建国。

四、蓝图初现

三个月的期限很快就到了，同时 ERP 组织架构书也制定完成。ERP 组织架构书为企业提供了一份完整的业务蓝图，它记录了公司里与业务流程相关的需求，详细说明了项目完成后的企业概述，包括公司结构和业务流程的文字和图形表示。

在一个阳光明媚的下午，樊建国站在会议室给董事会认真地介绍 ERP 组织架构书以及自己对公司蓝图的规划。

市场经济之后，公司的管理机制问题就彻底暴露出来了。冗员过多，社会包袱沉重，机制僵化，管理落后，导致公司连连亏损。公司危在旦夕，在原有基础上进行小范围的改革显然回天无力，所以就必须彻底改变传统思维模式，站在新时代的高度去统筹规划。通过企业信息化的这个契机，对企业的机制进行彻底的革新，从而实现跨越式发展。

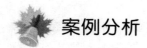 案例分析

1. 学习目标

本案例描述了希达造纸有限公司如何通过制定 ERP 组织架构书帮助企业构建蓝图，以及 ERP 如何解决原有的问题以及辅助企业各部门间的业务流通。通过对案例的学习和分析，充分理解 ERP 的管理思想以及 ERP 系统在企业中的重要作用，掌握 ERP 基本概念、基本原理、基本框架和核心业务流程，明确 ERP 组织架构中各业务模块的关系。将所学的知识融会贯通，了解 ERP 解决方案的设计思想方法，提高分析问题和解决问题的能力。

2. 启发思考题

（1）结合希达造纸有限公司销售部发生的业务，简述在 ERP 组织架构中销售管理的业务处理流程，并画出业务流程图。

（2）了解在 ERP 组织架构中，生产管理的主生产计划、物料需求计划、能力需求计划和车间作业控制计划之间的关系。

（3）在希达造纸有限公司的案例中采购和库存是在同一章节出现的，是巧合还是刻意为之？请根据相关理论，对它们之间的关系进行分析。

3. 分析思路

本案例以希达造纸有限公司接到的紧急订单为主线，描述了一个制造型企业在运行中存在的种种问题：销售管理理论的落后、生产柔性的不足、传统采购管理的缺陷及库存管理上的混乱、人力资源管理不重视等，并通过一些故事加工化的手段提出了相应的解决办法和解决的思路。

案例分析思路与步骤如图 5 所示。

4. 理论依据与分析过程

（1）结合希达造纸有限公司销售部发生的业务，简述在 ERP 组织架构中销售管理的业务处理流程，并画出业务流程图。

【理论依据：ERP 销售流程】

销售部提供报价情况给客户，客户满意后双方签订销售订单；销售部门把订单信息传递给库存部门，询问库存是否满足销售需要，如果不满足需求，则传递订单信息给生产部门；生产部门安排生产，生产完工入库后，销售部开具销货单给库存部，然后库存部根据销货单信息安排出货，组织发货给客户；货物发出后，销售部将销货单给财务部，财务部

根据销货单信息开具销售发票给客户；客户依据销售发票，支付货款给企业；客户接收货物后，验收过程中发现不合格品，退货给企业；企业的库存部接收退货，并传递退货单信息给财务部，财务部据此退款给客户。

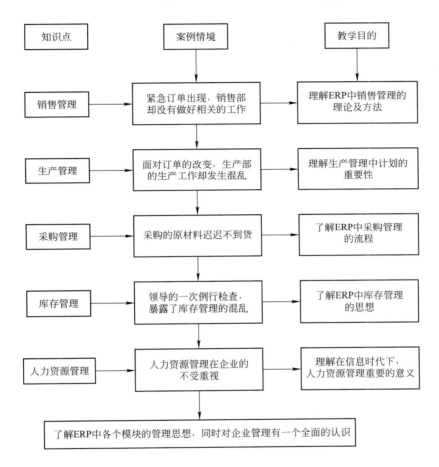

图 5　案例分析思路与步骤

【问题分析】

　　以案例中出现的业务为引导，全面认识 ERP 中销售管理的业务流程，并且通过画业务流程图的形式，深刻地理解在 ERP 中体现的管理思想和理论。通过思考和讨论，了解在 ERP 系统中，销售管理包括客户管理、销售合同管理、销售预测管理、销售订单管理、销售发货管理、销售结算和销售分析等内容。ERP 系统将客户、销售预测、销售订单和销售分析等信息资源充分集成，保证了销售管理工作的有效实现。

　　销售管理业务的一般流程描述如下。

① 销售部通过订单管理业务制订销售预测计划，录入客户订单后，根据库存情况将产品订货和交货情况汇总成相应的生产计划，通知计划部或生产部。

② 生产完成后，产品入库，销售部通过提货单要求仓管部将产品出库，仓管部组织产品销售出库，产生出库单据交给财务部。

③ 销售部根据订单开出销售发票给客户，通知客户支付货款，并把发票提交财务部，财务部根据仓库的出入库单据、出货发票做账；客户收到货物和结算发票后付款给企业的财务部。

④ 销售部记录有关的售前、售中、售后服务情况，对有关的质量问题提交给质量部进行产品质量分析。

⑤ 销售部通过销售分析，产生销售分析报告给生产部。

销售管理业务流程图如图 6 所示。

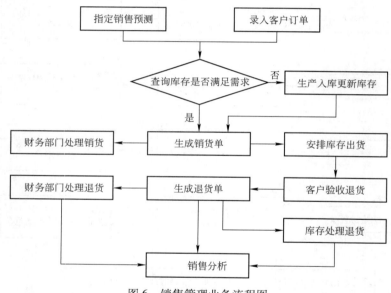

图 6   销售管理业务流程图

（2）了解在 ERP 组织架构中，生产管理的主生产计划、物料需求计划、能力需求计划和车间作业计划之间的关系。

【理论依据：ERP 生产管理思想】

① 主生产计划（MPS）是确定每一个具体产品在每一个具体时间段内的生产计划。

② 物料需求计划（MRP）是主生产计划的进一步展开，也是实现主生产计划的保证和支持。它根据主生产计划、物料清单和物料可用量，计算出企业要生产的全部加工件和采购件的需求量，指出何时会发生物料短缺，并给出建议，以最小的库存量来满足需求并避免物料短缺。

③ 能力需求计划（CRP）以工作中心的能力为核心，把 MRP 输出的物料分时段需求计划

转变成对企业各个工作中心的分时段需求计划，即把物料需求转变为能力需求。它不仅要考虑 MRP 的计划订单，还要考虑已下达但尚未完成的订单所需要的负荷，同时结合工作中心的工作日历，考虑工作中心的停工及维修等非工作日，确定各工作中心在各个时段的可用能力。

④ 车间作业计划主要根据 MRP、CRP 及生产工艺流程等制订工序加工计划，下达车间生产任务单，并控制计划进度，最终完工并入库。在车间作业控制阶段，系统要与反馈信息为依据对 MRP、MPS、生产规划以及经营规划做必要的调整，以便实现企业的基本生产均衡。

主生产计划是 ERP 的一个重要计划层次，它处于 ERP 五个计划层次的第三层，起到由宏观计划到微观计划过渡的作用。物料需求计划是 ERP 的重要组成部分，它处于 ERP 五个计划层次中的第四层，属于管理计划。MRP 是 MPS 需求的进一步细化，也是实现 MPS 的保证和支持。能力需求计划是制订可行的 MPS 和 MRP 的基本保证。车间管理处于 ERP 的执行层。

【问题分析】

通过了解企业的生产部制订一个生产计划的流程，理解 ERP 在主生产计划、物料需求计划、能力需求计划和车间作业计划之间的紧密联系。

制订一个好的生产管理计划。首先要会根据生产计划、销售预测和客户订单的输入来安排将来一段时间需要提供的产品种类和数量，形成详细的主生产计划。在决定生产多少产品后，再根据物料清单，将要生产的产品转变为需要生产的零件，并对照库存量就可得到还需加工多少、采购多少，从而生成了物料需求计划。然后根据 MRP 的生产进度表，衡量生产中心的能力，就会产生了详细的能力需求计划。在 ERP 中，能力需求计划伴随着物料需求计划，是由一个宏观到微观、由粗到细、由远到近、分阶段运行的过程。最后，获得这些计划之后，就需要落实到具体的车间实施。所以车间计划控制处于 ERP 的计划执行层，它是对生产车间的管理工作，涉及生产加工计划的执行、现场物料管理、人员管理和质量控制等，确保按时、按质、按量与低成本地完成加工制造任务。各生产管理模块图如图 7 所示。

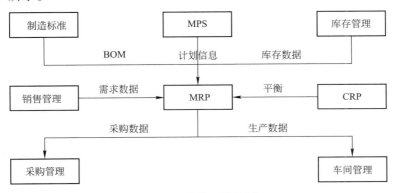

图 7　生产管理模块图

（3）在希达造纸有限公司的案例中采购和库存是在同一章节出现的，是巧合还是刻意为之？根据相关理论，对它们之间的关系进行分析。

【理论依据：采购管理和库存管理思想】

采购管理处于 ERP 的计划执行层，涉及采购计划的管理、采购订单管理、采购到货管理和采购结算管理等。在 ERP 系统中，通过实现合理的采购流程管理，可以使企业有效地计划、组织和控制采购管理活动。在采购业务处理流程中，采购计划管理、采购订单管理和发票管理是采购管理的三个核心组件。

库存管理是企业物料管理的核心，企业通过对制造业或服务业生产、经营全过程的各种物品、产成品，以及其他资源进行管理和控制，使其储备保持在经济合理的水平上。在 ERP 系统中，销售信息、生产信息、采购信息和物料信息等信息集成，保证了库存管理目标的实现，尽管采购、生产和销售部门之间的库存信息不一致也能得到协调，从而使企业更好地避免了订货成本与储存成本之间的矛盾，有效地减少了不必要的库存，避免了因库存积压而掩盖的企业管理中存在的种种问题，加快了企业的资金流动，减少了企业经营的机会成本。

【问题分析】

通过思考采购管理模块与库存模块之间的联系，扩展思维去思考企业资源之间的联系。

采购管理模块和库存管理模块是 ERP 的基本模块，其中采购管理模块主要是实现根据 MRP 产生的采购计划进行从采购订单开始到收到货物全过程的管理；库存管理模块主要是实现对企业物料的进、出、存进行管理。

采购系统要从库存管理系统中了解采购需求，同时将采购的物料验收入库，产生进货单，更新库存信息，将其转移到库存管理。因此案例中将采购管理和库存管理放在同一章节讨论并不矛盾。

5. 关键要点

1）关键点

本案例以出现的紧急订单为线索，描述了企业每个部门出现的各种问题，并且间接地输出 ERP 组织架构对于企业存在问题的良好解决方案。

2）关键知识点

销售管理 生产管理 采购和库存管理 人力资源管理 财务管理

3）能力点

快速学习能力、批判性思维能力、整体和部分相结合的思考能力。

参 考 文 献

［1］尹东岳.ERP 实施过程研究［J］.科技经济市场，2013（4）：51-53.

［2］李焱.ERP 系统成功研究文献综述［J］.经营与管理，2013（6）：80-83.

［3］郭富勤.ERP 系统在现代企业生产管理中的应用［J］.中共郑州市委党校学报，2009（4）：102-103.

［4］李志静.ERP 在人力资源管理中的应用研究［J］.科技与创新，2015（21）：46-47.

［5］肖磊，刘静.基于 ERP 系统的人力资源管理模块的设计与开发［C］//2009 电力行业信息化年会论文集，2009：485-488.

主妇请客：体验 ERP 主业务流程

摘要：ERP 每个环节虽然与请客吃饭的流程不完全一致，但是通过请客吃饭却能寻到 ERP 某些环节的踪迹。本案例将请客吃饭的故事与 ERP 联系起来，把 ERP 直观化，把它的很多原理清晰表述出来。故事从客人需求的提出到需求的确认，再到资源的配置与对外协作，最后满足客人的需求，都遵循着"始于顾客，终于顾客"的宗旨，与 ERP 主流程的情况非常相似。

关键词：ERP；主流程

 引言

小刘是一家上市咨询公司的高管，平时的工作压力比较大经常会加班，有时会有一些工作上的应酬和同事间的聚餐。为了支持丈夫小刘的事业，小玲在五年前放弃了高薪工作，专职做家庭主妇，负责照顾老公小刘和两个孩子的饮食起居。夫妻两人有一对可爱的儿女，儿子聪聪在市一中读高二，女儿慧慧在市十八中读初中，这是一个幸福、和睦的家庭。

一家四口住在 C 市的商业中心，小玲作为专职家庭主妇，每天的生活重心就是怎样让丈夫和孩子们吃得更好，住得更舒适。小玲的厨艺是一绝，经常得到丈夫和孩子们的称赞，所以带同事或同学来家吃饭也是常事。俗话说"工欲善其事，必先利其器"，小玲的厨艺高，厨房用具也是一应俱全，小到各类刀具、碗碟等，大到烤箱、微波炉、电饭煲等。

本案例的故事就发生在这个家庭中，故事的主人公是家庭主妇小玲，通过讲述家里要来客人时她一天的工作，体会家庭中请客吃饭与 ERP 的联系。

一、家里要来客人了

（一）请客的铃声

1. 请客意向

一天中午，妻子小玲正在家里打扫卫生，手机铃声响了起来。拿起手机，原来是丈夫小刘的电话。"亲爱的老婆，你在忙什么呢？晚上我想带几个同事回家吃饭，你下午准备一下可以吗？"。

小刘打电话给小玲，希望她准备晚饭，小刘的晚饭预订行为开启了小玲的准备晚饭过程。在 ERP 中的订货意向也是这样的，它是企业一切资源进行按需配置的信号弹，这个时候需求没有得到确认，未形成"圣旨"，只是一方提出的一个需求，家庭的信任使得这个需求通过"老客户"来满足；如果小刘直接带同事去饭店，就没有后面的事情了，那就可以称为"贸易"。

2. 菜单沟通

"当然可以，你们有几个人，几点来，都想吃什么菜呢？"小玲问。"我们一共 6 个人，大概 7 点左右回来，准备些啤酒，做几个你的拿手好菜吧，一定要做你最拿手的烤鸭哦！然后再准备番茄炒蛋、热菜，以及蛋花汤，剩下的你看着做吧。"老公小刘在电话中说。"好的，没问题，他们都有什么忌口和口味偏好吗？"小玲细心地询问。"吴主任是北方人口味偏咸，小崔爱吃鱼，小张是四川人爱吃辣。""好的，那我做个炖排骨、酸菜鱼和水煮肉片你看行吗？""没问题，辛苦啦！""放心吧，我会准备好的。"老婆小玲爽快地答应了。

小刘和小玲的对话是一个沟通的过程，沟通的目的是保证晚餐符合每个人的习惯和喜好。在企业的 ERP 中，这个过程叫作商务沟通。企业在商务沟通过程中还需要确定一个最关键的因素——价格，当然作为一家人的小刘和小玲是不需要这个过程的。小玲在电话中答应了老公的请求，在 ERP 中这个过程相当于订单的确认。

（二）请客的准备工作

1. 确定菜单

放下电话，小玲将已经商量好的菜记在了本子上：烤鸭、炖排骨、酸菜鱼、水煮肉片、番茄炒蛋、蛋花汤，四个荤菜一个素菜明显不够，随后小玲查看了冰箱里剩余的食材，决定再加两个素菜和两个凉菜：青椒炒杏鲍菇、干煸四季豆、凉拌时蔬、东北大拉皮，这样菜谱就确定下来了（见表1）。

表 1　请客菜谱

菜谱			
荤菜	素菜	凉菜	汤
烤鸭	番茄炒蛋	凉拌时蔬	蛋花汤
炖排骨	青椒炒杏鲍菇	东北大拉皮	
酸菜鱼	干煸四季豆		
水煮肉片			

小玲记录下菜谱，以便为后续食材的准备和具体的工序做好计划。在 ERP 中 MPS 同小玲所做的工作是非常类似的，MPS 是企业的主生产计划。

2. 食材准备

吃过午饭，小玲开始根据菜谱准备需要的东西：鸭子、啤酒、排骨、草鱼、猪肉、青椒、杏鲍菇、四季豆、番茄、鸡蛋、当季蔬菜、凉皮、调料……在查看了家中剩余的食材后，小玲决定下午去自由市场购买缺少的食材。

小玲查看家中剩余食材以便采购缺少的食材，而企业在生产之前查看库存，检查是否缺料，进而采购所需物料的过程也是这样的。如果小玲家中的冰箱和自由市场联网就好了，这样可以随时获知小玲家食材缺少的品种和数量，进而提供送货上门等服务。在企业中如果厂商的库存与供应商联网，厂商就可以实现实时有效的库存控制。

3. 食材清单

根据菜谱，小玲具体需要准备的材料有：1 只鸭子、1 打啤酒、1 斤排骨、1 斤猪肉、1 条鱼、10 个鸡蛋、6 个番茄、4 个青椒、6 两杏鲍菇、5 两四季豆、当季蔬菜若干、2 张凉皮，其中番茄炒蛋需要 6 个鸡蛋和 4 个番茄、蛋花汤需要 4 个鸡蛋，凉菜需要 2 个番茄。

图 1~图 3 是小玲所需要的具体的食材组成图，在 ERP 中相当于物料清单的展开。

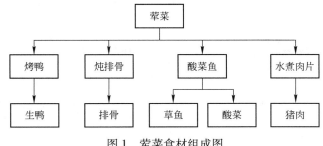

图 1   荤菜食材组成图

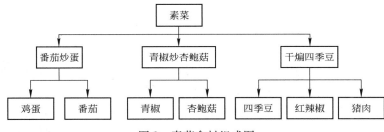

图 2   素菜食材组成图

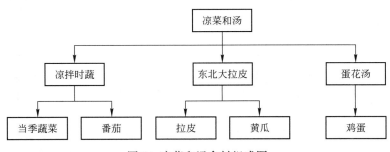

图 3   凉菜和汤食材组成图

　　小玲根据菜谱确定了食材清单，并准备对缺少的食材进行采购。小玲确定的食材清单同 ERP 中物料清单（BOM，bill of material）类似。物料清单是企业进行某项生产时所用到的主要材料和辅助材料的种类和数量。

　　小玲发现做番茄炒蛋时，需要番茄和鸡蛋两种食材，做凉拌时蔬和蛋花汤时，鸡蛋和番茄也是必不可少的，因此鸡蛋和番茄可以同时采购。在 ERP 中生产环节不同的产品生产需要相同的物料，那么该物料就是共用物料。

4. 缺货采购

　　下午，小玲来到自由市场，首先来到了鸡蛋摊前询问小贩："请问鸡蛋怎么卖?" 小贩说："1 个 1 元，半打 5 元，1 打 9.5 元。"小玲对小贩说："我只需要 8 个，但这次买 1 打吧。""噢，这有一个坏的，请帮我换一个吧。"买完鸡蛋后小玲又依次购买了缺少的食材：排骨、猪肉、草鱼、啤酒、当季蔬菜……

小玲和小贩的对话涉及了交易中的一个重要因素——价格，价格决定交易能否顺利开展。在 ERP 中，采购询价和销售报价也是这样的，价格的确定在交易中是至关重要的。

小玲尽管只需要 8 个鸡蛋，但考虑到经济效益，购买一打，同企业中的经济批量采购的原理是相同的。

（三）美食工序

1. 准备

小玲从自由市场采购完毕，回到家中开始准备做晚饭。小玲需要做七道热菜、两道凉菜和一个汤，她估算了每道菜大概所需的时间，开始准备。制作过程最耗时的是烤鸭，其次是排骨和酸菜鱼，剩下的炒菜和凉菜都耗时较短，小玲先将排骨放入锅中炖，然后处理生鸭的鸭毛和草鱼的鱼鳞，处理完成这些将待炒的荤菜和素菜洗好、切好放入盘中，待客人要到时再炒，以免做得太早客人来了已经凉了。

2. 遇到麻烦

小玲开始准备做烤鸭的时候遇到了大麻烦，她发现拔鸭毛是最费时间的，自己用微波炉做可能来不及了，所以她决定去楼下的餐厅里买现成的烤鸭。所幸小玲发现得及时，如果是下午五点才发现问题，恐怕就晚了，只是可惜丈夫想让客人们品尝她出色厨艺的愿望不能实现了。

小玲发现用微波炉自己做烤鸭可能来不及，这在企业中表现为产能不足。小玲还发现拔鸭毛最费时间，有可能导致晚餐时间的滞后，"拔鸭毛"这道工序就是企业的瓶颈工序。瓶颈工序有时候正是一个企业竞争力的体现，当小玲发现不能做烤鸭时（产能不足），决定到楼下的餐厅购买，在企业中就是委托加工。

二、家里要来新客人

（一）急促的铃声

下午四点，客厅的电话铃又响了，正在厨房忙碌的小玲擦了擦手上的水，拿起了电话，"妈妈，今天晚上两个同学想来家里吃饭，你能帮忙准备一下吗？"儿子聪聪打来电话。"好的，儿子，你们有哪些想吃的菜啊？爸爸晚上也有客人，你愿意和他们一起吃吗？"小玲问道，"嗯……，菜您看着办吧，但一定要有番茄炒鸡蛋，我们不想和大人一起吃，大概下午六点三十分左右回来。""好的，没问题，正好家里还有一些剩余的食材，妈妈看着给你们做，肯定让你们满意！""嗯嗯，谢谢妈妈啦！我都饿了。"

儿子打来电话，希望让小玲准备他和同学的晚饭，儿子的这种做法同企业中的"紧急订单"是相似的。儿子不想和大人一起吃饭，小玲只得另外准备。

（二）缺货紧急购买

小玲放下手中的活，开始准备儿子和同学晚饭的菜单，发现鸡蛋不够了，于是她打电话叫小贩送过来一打鸡蛋。确定订单后需要再次检查物料，同时紧急采购要选择可靠的供应商。小贩将鸡蛋送来后小玲发现家里没有零钱了，因为是老主顾，小玲给小贩签字赊账等到下次买的时候一起结。

这里小玲打电话叫小贩送来鸡蛋就是企业中的紧急采购过程，紧急采购即在水电抢险、活动实施、设备维护运行、意外事件等过程中，对急需的产品和服务进行采购，以保证正常生产活动。

（三）迟到的烤鸭

下午六点一切准备就绪了，可是烤鸭还没送来，小玲急忙打电话给烤鸭店询问："我是刘太太，请问怎么订的烤鸭还没有送来？""不好意思，送货的人已经走了，可能是堵车吧，应该马上就会到的，请您再稍等片刻。"烤鸭店的老板说。在企业中委外订单跟催也是这个过程，为了保证委外订单的及时送达，跟催活动是必然发生的。

就在这时，门铃响了，原来是外卖员将烤鸭送到了。"刘太太，实在抱歉，路上有些堵车了。这是您要的烤鸭，请您在单子上签字。""好的，没关系，所幸没有耽误事儿。"小玲检查烤鸭确认没有问题后，在单子上签字并支付了烤鸭的费用。

以上环节虽然是请客吃饭的过程，但对应的其实就是企业 ERP 中关键的验收、入库、应付账款部分。

（四）电话打晚了

下午六点十分电话铃再一次响起，此时小玲已经开始准备碗筷等待客人们的到来了。"妈妈，是我，我想现在带几个朋友回家吃饭可以吗？"原来是女儿慧慧。小玲说："不行呀，女儿，今天妈妈已经需要准备两桌饭了，时间实在是来不及，真的非常抱歉，下次你早点说，我一定给你们准备好。"

女儿慧慧在下午六点十分时给小玲打电话，希望带同学回家吃饭，这对于小玲来说时间已经来不及了，饭菜是无法准备好的，因此拒绝了女儿的请求。女儿的行为在企业中属于紧急订购，要求现货，企业是无法满足这种要求的。企业的 ERP 是有使用局限的——要有稳定的外部环境，要有一个起码的提前期。

三、美味的晚餐

下午六点三十分"丁零零……"一阵门铃声响起，小玲打开门是儿子聪聪带着两个同学回来了，"阿姨好！""你们好，快进来，阿姨把饭菜都准备好啦。""谢谢阿姨。""一会聪聪爸爸的同事也要来，聪聪说不和他们一起吃，你们去客厅吃吧，不用客气就和在自己家一样！""嗯嗯，谢谢阿姨，您去忙吧，我们自己来就行。"正说着，门被打开了，原来是老公带着同事回来了，小玲赶紧上前迎接，与老公的同事们一一打过招呼。

客厅里聪聪和同学吃得开心，餐厅中老公和同事们推杯换盏，时不时地还夸赞小玲的厨艺好，听着儿子和同学们讨论着学校的趣事、老公和同事们调侃着办公室的故事，餐桌上洒满了阵阵笑声，小玲觉得再累都是值得的。

四、结束晚餐

（一）饭后谈心

晚饭过后，送走了老公的同事和儿子的同学，小玲把厨房的碗筷清洗干净，剩余的饭菜都处理好后，感到有些疲惫，但是还要把今天的财务情况计算清楚才行。

小玲坐在沙发上与丈夫聊天："亲爱的，现在咱们家请客的频率越来越高了，应该买些厨房用品了，最好能够再雇个小时工。""家里的事情就你做主嘛，需要什么你就去办吧。"丈夫痛快地答应了小玲的提议并表示支持。"还有，最近家里的花销太大，用你的私房钱来补贴一下，好吗？"小玲为丈夫及其同事准备了晚餐，需要丈夫的私房钱补贴花销，反映到企业中，企业交货后，应收账款的催要是非常必要的。

（二）最后清算

妻子拿着计算器开始计算今天的各项成本（成本核算）和节余材料（车间退料），并计入日记账中（会计总账），将结果念给丈夫听（提交报表）。

各项成本（成本核算）：

分类	价格
排骨	28 元/斤
猪肉	45 元/斤
草鱼	24 元/条
鸡蛋	9.5 元/打
烤鸭	88 元/只
啤酒	48 元/打
生鸭	30 元/只
番茄	10 元/斤

节余原材料（车间退料）：
剩余 6 个鸡蛋、一只生鸭、当季蔬菜、调料……
会计总账：

分类	单价	数量	金额/元
排骨	28 元/斤	1	28
猪肉	35 元/斤	1	35
草鱼	24 元/条	1	24
鸡蛋	9.5 元/打	2	19
烤鸭	88 元/只	1	88
啤酒	48 元/打	1	48
生鸭	30 元/只	1	30
番茄	10 元/斤	0.8	8
合计金额		280 元	

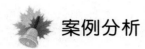 案例分析

1. 学习目标

本案例将主妇请客的过程与 ERP 主业务流程联系起来，生动形象地描述出 ERP 在企业中的应用情景。通过对案例的学习和分析，充分认识 ERP 是如何与业务流程相结合的，理解 ERP 的管理思想以及 ERP 在企业中的重要作用，掌握 ERP 的基本概念、基本原理、基本框架和核心业务流程，提高分析和解决问题的能力。

2. 启发思考题

（1）主妇请客的过程对应了企业 ERP 中的哪些过程？具体的理论依据是什么？

（2）当主妇做饭的过程中发现不能按照规定时间完成，她会怎么做呢？在企业中会怎么做呢？

（3）从主妇拒绝了女儿的请求可以看出 ERP 有局限性吗？

3. 分析思路

本案例以主妇请客吃饭的过程为主线，描述了其在请客吃饭的准备过程中遇到的一些问题，那么请客吃饭的过程又与企业 ERP 中的过程有什么联系呢？

案例分析思路与步骤如图 4 所示。

4. 理论依据与分析

主妇请客的过程对应了企业 ERP 中的哪些过程？具体的理论依据呢？

【理论依据：ERP 的流程】

1）订货意向和商务沟通

ERP 中的订货意向，是企业一切资源进行按需配置的信号弹，这个时候需求没有得到确认，未形成"圣旨"，只是一方提出的一个需求，接下来还需要进行细致的磋商，商务沟通是典型的谈判过程。

2）订单

订单是客户向企业发出的订货单。根据订单类型可以指定处理规则和订单分录默认值，因此系统在订单输入和订单退货时会要求选择订单类型。用户可以将订单周期分配至每个订单类型以控制订单处理并提供此订单类型的默认值。

3）主生产计划

主生产计划，指根据客户接单或销售预测排定的一段期间的产品生产计划，它必须明

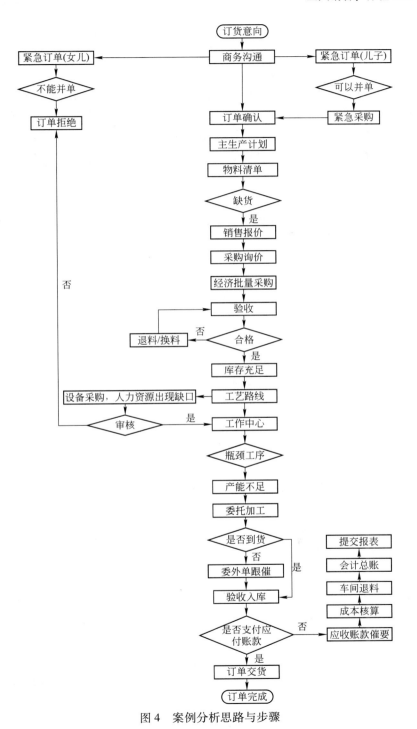

图 4　案例分析思路与步骤

确指定何种产品应于何时制造完成，也可随着一些不可抗拒因素的发生（如停工待料等）而进行适当的调整，是企业产品制造的主要指导依据。

4）物料清单

物料清单（BOM）就是零部件分解表所用到的产品结构，包括主要材料、辅助材料各需要多少、什么品质的，在企业中需要通过分工协作来实现。共用物料是一个分析过程，通过"合并同类项"实现对某一订单所需各类物料的统计与分析，可以保证充分地使用库存并进行有效的采购。物料清单构成父项装配件的所有子项配件、零件及原材料清单，其中包括子项的数量。在某些工业领域，可能称为"配方""要素表"或者其他名称。

5）经济批量采购

经济批量采购是固定订货批量模型的一种，可以用来确定企业一次订货（外购或自制）的数量。它的主要思想是寻求年度订货费用与库存费用平衡的条件下，确定经济的订货批量，从而使采购费用和库存费用之和最小。由于库存的费用随着库存量的增加而增加，但采购成本却随着采购批量的增加而减少，因此这是一对矛盾，不能一味地减少库存，也不能一味地增加采购批量。这就需要找一个合理的订货批量，使总成本为最小，经济批量采购就是对这个合理订货批量的求解。

6）销货

销货的含义是指有偿转让货物的所有权，能从购买方取得货币、货物或其他经济利益。企业生产产品的最终目的就是销售货物，并且获得最大的利益。

7）期末结账

在期末结账时最关键的是制作财务报表，通过财务报表可以反映以下几个问题：

（1）全面系统地揭示企业一定时期的财务状况、经营状况和现金流量，有利于经营管理人员了解本单位各项任务指标的完成情况，评价管理人员的经营业绩，以便及时发现问题，调整经营方向，采取措施改善经营管理水平，提高经济效益，为经济预测和决策提供依据。

（2）有利于国家经济管理部门了解国民经济的运行状况。通过对各单位提供的财务报表资料进行汇总和分析，了解和掌握各行业、各地区经济的经济发展情况，以便宏观调控经济运行，优化资源配置，保证国民经济稳定持续发展。

（3）有利于投资者、债权人和其他有关各方掌握企业的财务状况、经营成果和现金流量情况，进而分析企业的盈利能力、偿债能力、投资收益、发展前景等，为他们投资、贷款和贸易提供决策依据。

（4）有利于满足财政、税务、工商、审计等部门监督企业经营管理。通过财务报表可以检查、监督各企业是否遵守国家的各项法律、法规和制度，有无偷税漏税的行为。

【问题分析】

主妇请客的过程对应了企业 ERP 中的哪些过程？具体的理论依据是什么？

　　小刘打电话给妻子，希望妻子小玲准备晚饭，小刘的晚饭预订行为开启了妻子准备晚饭的过程，在 ERP 中的订货意向也是这样的。小玲在电话中与老公讨论客人人数和菜单情况就是一个典型的谈判过程即商务沟通，在商业活动中还需要细致的磋商。但是这里有一个信息没有确定——价格，这是企业在商务沟通过程中还需要确定的关键因素。同时，小玲在电话中答应了老公的请求也就是 ERP 中订单的确认。确认菜单后小玲将它们记下来，所谓"好记性不如烂笔头"，订单需要记录，这个时候"圣旨"就产生了。而在企业中，人们将这个订单记录在信息化系统中，企业借助信息系统就可以实现或满足若干个需求。

　　小玲根据菜单准备需要的东西：鸭子、啤酒、排骨、草鱼、猪肉、青椒、杏鲍菇、四季豆、番茄、鸡蛋、当季蔬菜、凉皮、调料……在查看冰箱和家中剩余的食材后，下午小玲还需要去自由市场购买缺少的食材，这就是企业中的主生产排程。小玲根据菜单确定的食材清单同 ERP 中的物料清单（BOM）是相类似的。

　　小玲查看冰箱和家中剩余食材即查看库存，发现缺料，如果家庭和市场联网就好了，可以实现实时有效的库存控制。库房需要进行实时盘点，目的是确定订单所需的物料，企业可以考虑让供应商在自己的地区设立库存点。

　　小玲去市场购买鸡蛋时首先和小贩讨价还价，在企业中是典型的采购询价和采购谈判过程，企业中常备物料可以通过招标方式定点供应，这样可以降低交易成本，但是这种情况在家庭中并不合适，在丰富的市场供应中，距离影响小批量的交易。小贩的销售策略显然是鼓励批量购买，在企业里销售中的折扣与折让政策可以充分使用，从而降低企业的交易成本。小玲退换坏了的鸡蛋，这种认真的态度与经济的头脑是值得学习的，验收、退料、换料这个环节在工业产品中是最难控制的，物料大概占总成本的 70%～80%，如果控制到位，能够为企业减少很多成本。

　　接下来，小玲回到家中开始准备饭菜。厨房相当于企业中的生产车间，制作美食的过程就是企业中的工艺路线，它是企业生产过程的一个基本部分，它确定了从原材料到成品生产每步所需的每个工序的顺序。工艺路线包含执行每个步骤的工作中心的信息，以及关于生产所需要的工具和资源（生产资源/工具）的信息。工艺路线也包括每个工序执行的计划时间（标准值）。这个标准值是提前期计划、生产成本和能力计划的基础。工艺路线是主数据，不参照订单而创建。在企业中与这个环节同样重要的是人力资源的到位，岗位职责要清晰。剩下的就是生产部门的事情了，对订单进行排产，有时候根据订单的变化工艺路线也要做一些调整，设备、设施、工具都要检查一遍。在遇到瓶颈工序时，需要委外加工来完成企业的需求。

　　下午小玲接到儿子的电话要带同学回家吃饭，即 ERP 中的插单，插单需要进行磋商，当发现不能进行并单处理后，就需要考虑别的方法进行解决，当资源集中的时候，只有通过余量来解决紧急订单。晚上的时候女儿又打来电话也想带同学回来吃，这就是要求紧急订购，又要求现货，小玲肯定无法满足。

客人们吃饭的过程就是 ERP 中的销货过程，销货的含义是指有偿转让货物的所有权，能从购买方取得货币、货物或其他经济利益。企业生产产品的目的就是想办法销货，并且获得最大的利益，客人们对小玲厨艺的认可也就是客户对企业产品的评价。结束晚餐后小玲坐在沙发上与丈夫聊天，希望再买些厨房用品、雇个小时工并用老公的私房钱来补贴一下，这就是典型的设备采购、人力资源出现缺口，向上级提交申请，通过审核，应收账款的催要……基础设施、人力资源等都属于企业价值链的辅助活动。基础设施是企业运营中各种保证措施的总称，包括战略规划、组织机制建设等。人力资源管理是指对所有类型人员的招聘、培训、开发和付酬等活动。人力资源不仅仅对单项基本活动和辅助活动起到辅助作用，而且支撑起整个价值链。从企业的整体角度来看，价值链是有各种纽带连接起来的相互依存的一系列活动所构成的系统。企业要想获得竞争优势，就必须对联系进行优化和协调。

小玲请客的成本核算所对应的就是企业中财务管理部分的期末结账，会计的职能主要是核算和监督经济活动过程，保证会计信息的合法、真实、准确和完整，为企业管理提供必要的财务资料，并参与决策，谋求最佳的经济效益。

当主妇做饭的过程中发现不能按照规定时间完成，她会怎么做？在企业中会怎么做呢？

【理论依据：ERP 之困】

一个企业的计划与控制的目标就是寻求顾客需求与企业能力的最佳配合，一旦一个被控制的工序（瓶颈）建立了动态的平衡，其余的工序应相继与这一被控制的工序同步。一般来说，当需求超过能力时，排队最长的机器就是"瓶颈"。

瓶颈工序有时候正是一个企业竞争力的体现，当企业产能不足时要立即委托加工，满足需求是第一位的。委外加工处理是指在企业生产过程中，由于自身生产能力的限制，不能及时完成客户订单生产任务，为能保证在交货期内交货，而将部分产品的生产或产品生产的某道工序的加工委托其他企业来进行，其中主要原材料由委托方提供，受委托方进行加工或提供辅助材料，由委托方付给受托方加工费；委托加工处理流程是完成整个委托加工生产任务单，从下达到发出材料、收回委托加工产品整个流程的控制及成本核算控制，从而为整个产品的生产提供控制及决策的依据。

企业流程再造（business process reengineering，BPR），从根本上重新考虑并彻底重新设计业务流程，以实现在关键的因素上，如成本、质量、服务和响应速度，取得突破性的进展。

【问题分析】

在本案例中，小玲开始准备做烤鸭的时候遇到了大麻烦，她发现拔鸭毛是最费时间的，自己用微波炉做可能已经来不及了，所以她决定去楼下的餐厅里买现成的烤鸭。所幸小玲发现得及时，如果是下午五点才发现问题，恐怕就晚了，只是可惜丈夫想让客人们品尝她出色厨艺的愿望不能实现了。这在企业中表现为产能不足，拔鸭毛这道工序就是企业的瓶颈工序、关键工艺路线。

当小玲发现不能做烤鸭时，决定到楼下的餐厅购买，就说明当企业产能不足时要立即委托加工，满足需求才是第一位的。瓶颈工序有时候正是一个企业竞争力的体现，但是在委托加工的过程中还要注意委外单的跟催，以使其余工序与瓶颈工序建立动态平衡。

从主妇拒绝了女儿的请求可以看出 ERP 有局限性吗？

【理论依据：克服核心刚性，获取核心能力】

乌托邦指的是不真实存在的完美世界，在 ERP 这个真实的世界里，是否也存在一个信息技术的乌托邦呢？信息技术应用于管理已经半个多世纪，在计算机技术日新月异，处理速度飞速提升的今天，计算机已经在很多方面替代了人工，在 ERP 中难道还有计算机办不到的事情吗？ERP 的使用局限是要有稳定的外部环境，要有一个起码的提前期。这里需要强调几个知识点。

（1）提前期（lead time）：完成一项活动所需要的时间。这种活动通常指物料和产品的获得，无论是从外面购入的，还是用自己的设备制造的。提前期可由下列各种时间或它们的总和组成：订单准备时间、排队时间、加工时间、搬运时间或运输时间、接收和检测时间。

（2）独立需求（independent demand）：当某项目物料需求与其他项目物料需求无关时，则称这种需求为独立需求。例如，对成品或维修件的需求都是独立需求。

（3）非独立需求（dependent demand）：当某项物料需求与其他项目物料需求或最终产品需求有关时，称为非独立需求。这些需求是计算出来的而不是预测的，对于具体项目的物料需求，有时可能既有独立需求又有非独立需求。

ERP 的使用局限包括：机器故障，模具损坏，人员请假/人员身体不适，质量发生问题，订单内容与优先顺序发生变化，原料供应不及时，委外加工厂商的交货进度延迟与质量瑕疵，临时非生产性质的任务等。

另一个不可忽视的盲点是材料供应。巧妇难为无米之炊，材料对制造企业而言至关重要。ERP 对材料的需求计算，一般都默认材料的供应是充足的。

虽然所有计算机软件都会考虑产品的工艺路线、加工时间，ERP 定义同一个产品可以有多种工艺路线，但是在实际排产时，都以主要工艺路线进行排产。灵活调度是排产工作的重要因素，但面对车间里经常发生的各种影响排产的随机因素，ERP 是无能为力的。

【问题分析】

通过案例故事的阅读，可知 ERP 中存在一定的局限性，并影响着企业的生产过程。在案例中主要表现在：

儿子和女儿都打电话想带同学回家吃饭，即 ERP 中的追加紧急订单，为什么小玲同意了儿子的请求却拒绝了女儿的呢？ERP 的局限性便体现于此，完成事情都要有个必要的提前期，女儿打电话的时候已经太晚了，没有时间再准备一桌晚餐，所以没有一个起码的提前期，请求是不能完成了。

5. 关键要点

1）关键点

本案例以主妇请客的过程为主线，描述了其在准备过程中都遇到了哪些问题，以及与企业 ERP 中过程的联系。

2）关键知识点

ERP 的流程　ERP 的局限性

3）能力点

快速学习能力、批判性思维能力、整体和部分相结合的思考能力。

参 考 文 献

［1］梁晓琪．ERP 环境下 A 公司生产成本控制研究［D］．南京：南京大学，2018.

［2］文茜．通过案例剖析 ERP 系统的应用特点［J］．产业与科技论坛，2018（5）：225-226.

［3］赵秀艳．案例教学法在 ERP 沙盘实训课程中的应用思考［J］．财经界（学术版），2017（18）：144-145.

［4］宋子慧．案例教学融入工商管理实验课程的思考：以 ERP 沙盘模拟实训为例［J］．教育现代化，2017（13）：130-131.

［5］黄娴．ERP 环境下企业内部控制的评价研究［D］．重庆：重庆理工大学，2017.

丰华公司：ERP 系统下 传统供应链该何去何从

摘要：本案例从采购、销售和库存三个方面描述了传统供应链管理面临的难题与困惑。山西丰华钢铁制造有限公司通过引入 ERP 系统，改变了传统的供应链管理，使内部的供应链不再是分散的个体，而成为一个紧密联系的整体。引入 ERP 系统后既节约了时间成本，也节约了人工成本，更为重要的是提高了数据的准确率和共享程度。这大大增加了客户满意度，扭转了公司利润急速下降的局面，使公司迅速发展。

关键词：ERP；传统供应链；供应链管理；信息共享

 ## 引言

2014 年盛夏的一天，山西丰华钢铁制造有限公司的张总坐在办公室里，回想着这几年公司的运营状况，颇有感慨。伴随着互联网技术的崛起，市场出现了多样化的需求。为了迎合更多消费者的需求，越来越多的公司摒弃了原有的经营模式，纷纷向着信息化的方向发展。有很多公司在转型的过程中失败了，但是也有很多公司成功完成转型，找到新的战略方向，从而站稳了脚跟。

张总回过头来看自己公司，这几年的利润一年不如一年，2012 年公司的纯利润是 615 万元，而 2013 年公司只获利 487 万元，再到 2014 年，半年过去了，公司的盈利状况仍然没有好转。张总明白，照这样下去的话，公司的发展只会越来越不尽如人意，最终被社会淘汰。

一、企业介绍

山西丰华钢铁制造有限公司（以下简称丰华公司）2005 年落户山西省忻州市，占地面积 10 万 m²，生产车间面积为 5 万 m²，年加工钢结构构件能力为 6 万 t。公司拥有多条

国内外先进的钢结构生产线和建筑维护系统生产设备线，覆盖高层钢结构、桥梁钢结构、轻钢结构，包含轻重 H 型钢、箱型梁柱、管桁架等各类钢构件，以及各类墙面、屋面和室内装饰面系统的研发与生产。公司以"高标准、高配置"为宗旨，专业生产和制造各类新型建筑钢结构构件，于 2014 年通过了中国钢结构协会的评审，成为当时忻州市唯一一家获得"一级制造"资质的钢结构企业。

张总是公司总经理，公司内还有几位重要的管理人员，分别为采购部王部长、销售部李部长、物流部孙部长以及生产部吴部长。小李和小宋是采购部的业务员，小李负责请购单的制作，小宋负责采购。小曹和小高是销售部的业务员，小曹负责录入订单，小高负责产品的出库。小王是财务部的员工，负责发票的相关工作，小贾是会计人员，负责做账。小张和小赵是物流部的业务员，小张负责产品的质量检验以及验收入库，小赵负责库存盘点。小陈是生产部门的业务员，负责原材料的领用等。小郑是技术部的一员，负责公司网站维护。

二、传统供应链能否继续维系

正当张总一筹莫展时，采购部的王部长、销售部的李部长和物流部的孙部长一起敲门进来了，王部长说："张总，咱们公司成立也有几个年头了，现在的业务规模和成立初期相比大了不少，所以很多问题就暴露出来了。""采购、销售、库存的协调与计划是我们每天必须面对的一个重要问题，是企业需要处理的核心工作。一旦形成了对客户的销售订单，便要在企业内部形成以订单为主线的物流、信息流和资金流，但是公司目前在信息流这方面存在很大问题，现在我们几个部门之间没办法做到信息共享，很多数据都不互通，每天都要花大量的时间来沟通，这很影响各个部门的工作进度啊！"其余两位部长附和地点了点头。

（一）采购过程中的难题

2013 年的一天早上，像往常一样，丰华公司所有员工又开始了忙碌的工作。在经过前期激烈的竞标之后，丰华公司成功拿下了盛鑫建筑设计股份有限公司（以下简称盛鑫公司）的订单，盛鑫公司要订购 1 000 万件建造桥梁的钢结构构件和 500 万件建造房屋的钢结构构件，并且要求三个月之后交货。丰华公司接下这笔订单后，张总便召集公司的管理层开了一个前期准备大会。

1. 信息分享不对称

会上张总先就原材料即钢铁采购的问题说："这次进行原材料采购时，要慎重选择供应商，我觉得最好的方式还是公开招标，这样更容易选择到适合的供应商。王部长，你负责这方面的工作吧。"

接到指令的王部长写好招标文件之后，委托小郑在公司网站上发布了一则招标信息，信息中介绍了自己公司的主要情况，包括公司规模以及订单情况，说明了对钢铁供应商的要求，并且指明了具体的竞标日期。

到了竞标的这一天，有五家公司派了代表来丰华公司竞标。在竞标过程中，张总发现每个公司的代表人在介绍公司时，都会在某些程度上夸大公司的能力，使得丰华公司无法基于准确的信息进行判断。最终，丰华公司管理层综合各方面的因素，选择了建邦钢铁制造有限公司（以下简称建邦公司）为供应商。

2. 计划制订不合理

选择好供应商之后，就该进行采购了。丰华公司在与建邦公司签订采购合同前，张总召集几个部长开了一个简短的会议。会上，张总说："目前就这几家竞标的公司来看，建邦公司是最符合我们公司要求的。接下来主要考虑的问题就是采购多少原材料了。"

"我觉得首先还是要考虑成本。"王部长说道，"既然盛鑫公司要采购 1 000 万件建造桥梁的钢结构构件和 500 万件建造房屋的钢结构构件，那我们可以按照这个数字大概计算一下需要多少原材料，大概采购这个数就可以，不然采购太多会大大增加库存占用成本，原材料不够了我们还可以再买，所以不用急着买太多。"

大家一致同意这个方案后，丰华公司就按这个方案采购了原材料。之后，在生产钢结构构件的过程中，有一天，王部长接到生产部吴部长打来的一通电话。电话刚一接通，就听到吴部长急匆匆地说："王部长，现在原材料的库存不是很多了，为了不影响生产进度，得麻烦你尽快采购原材料了，最好是能在一周之内到货。"王部长听了后急忙答应了下来，之后又联系了建邦公司，又组织了一次采购。

（二）销售过程中的难题

有一天，丰华公司又接到了一笔订单，对方是和悦建筑有限公司（以下简称和悦公司），公司派了代表来丰华公司洽谈，要订购 450 万件建造房屋的钢结构构件。

1. 人工计算太烦琐

在洽谈的过程中，销售部李部长谈到了价格的问题，李部长说："公司在给客户定价时是有一定的折扣的，不满300万件的按照原价销售，超过300万件的部分按原价的95%销售，超过400万件的部分按照原价的90%销售。"

"你们要订购450万件的话，前300万件按照每件7.8元的原价计算，301万到400万件按照每件7.41元的价格计算，剩下的50万件按照每件7.02元的价格计算。"（如图1所示）

图1　订购价格区间示意图

旁边的会计人员小贾按照这种折扣方式分三个批次计算，最终算出了总售价为34 320 000元。李部长发现这种计算方式非常浪费时间，而且这种纯人工计算有很大可能会出错。

2. 数据流通不顺畅

丰华公司接下这笔订单并采购完所需的原材料之后，就进行钢结构构件的生产工作。在生产过程中，李部长接到了一通电话，是和悦公司采购部部长打来的，和悦公司那边想要知道目前的生产进度，具体生产了多少件，但是李部长没法直接查询到生产部的信息，急忙让销售部的小曹去了解一下情况。

于是小曹去生产部找到了小陈，小曹说："小陈，我来查询一下和悦公司订的那一批钢结构构件的生产进度。"小陈帮忙查询之后，说："现有的成品包括两部分，我们这边只能查到目前生产了多少件，还有一部分是之前的成品库存，你需要再到物流部查询一下。"小曹又急忙赶去物流部查询了之前的库存，这么一番跑下来才得到一个最终的数字告诉了李部长。

一个月后，丰华公司完成了和悦公司的订单，这天是星期一，物流部准时给和悦公司发货，并且和悦公司也按时付了货款。但是，丰华公司的财务部门每周五才能收到包含销售订单数据的软盘，再给客户开发票。由于这一天是星期一，所以和悦公司并没有及时收到发票，产生了一些情绪上的不满。

（三）库存过程中的难题

同年，丰华公司还接到了一笔来自茂业建筑有限公司（以下简称茂业公司）的订单，要订购 630 万件建造房屋的钢结构构件。在与茂业公司商谈的过程中，茂业公司的总经理彭总说道："张总，之所以选择贵公司，就是因为我相信贵公司生产出来的钢结构构件能够达到我们的标准，但是这次的情况比较特殊，我这批订单比较着急，想问问你们最快能在何时交货。"张总听到这些话之后犯了难，说道："不瞒您说，按照正常的生产周期，630 万件钢结构构件怎么说也得需要两个月。这样吧，我先了解一下现在的库存情况吧，看看还有多少原材料和钢结构构件的库存，今天下午给您答复吧。"

送走茂业公司的人之后，张总急忙让生产部吴部长派人去物流部了解库存情况，吴部长知道情况紧急，在接到命令后，亲自去了物流部找了孙部长，一见面就说："孙部长，你赶紧查查目前在库的原材料和建造房屋的钢结构构件各有多少，这次的客户订单比较着急，估计我们又要加班了。"孙部长听了之后，急忙查了仓库数据，发现目前这种钢结构构件已经没有库存了，而建造桥梁的钢结构构件还有很多库存，原材料的库存也还有一部分，吴部长和孙部长根据这个数据，又根据订单信息以及公司自身的生产能力，计算出了这批订单要完成的话最快也得需要一个半月。张总把这个数字告诉茂业公司之后，双方才正式签订了订货合同。

三、传统供应链和 ERP 系统碰撞出了怎样的火花

丰华公司成功引入 ERP 系统之后，供应链管理真的得到改善了吗？从利润上来说，公司在引入 ERP 系统之后试运行的半年，利润达到了 435 万元，已经快赶上 2013 年一年的利润了。那么实际的运营情况呢？

（一）重整采购业务

2015 年 3 月 16 日，公司接到了一笔来自辉宇建筑设计公司（以下简称辉宇公司）的订单，要订购 650 万件建造房屋的钢结构构件和 550 万件建造桥梁的钢结构构件。相比之前，这一次丰华公司对这笔订单的处理方式有了很大的不同，虽然总体的流程相似，但公司内所有人都感受到了 ERP 系统带来的便利。

1. 轻轻松松选择最好的

张总让王部长拟订了一条招标信息，然后在公司网页上发布，招标当天，同样有几家供应商前来竞标。但是此次选择供应商没有遇到之前的问题，因为 ERP 系统对前来竞标的公司信息进行评价，很大程度上帮助了丰华公司的决策。

首先，ERP 系统对每个供应商提供的原材料质量、服务水平、价格、准时性、信用度这几个公司比较看重的标准因素进行了评价，为公司进行供应商的选择提供了准确的基础数据。接下来，公司管理层利用 AHP（层次分析法），对各个候选供应商的每个标准因素赋予了权重，进行了定性和定量分析。接着，张总和几位部长为每个候选供应商的各项标准因素打分，然后系统自动计算出综合分数排名第一的供应商，最后，丰华公司选择了凯隆钢铁制造有限公司。

2. 有了计划，按部就班

供应商确定之后，就是具体的采购环节。采购部门在开始正式采购之前，王部长把大家召集在了一起，开了一个会议，说道："这次的采购数量不需要咱们自己计算了。大家现在都登录 ERP 系统，选择物料需求计划查看系统制订的采购计划。"

大家按照王部长的指示清楚地看到了完成这笔订单所需的原材料数量。这时王部长又说："现在大家看到的就是完成这笔订单一共需要的原材料，物料需求计划不仅能计算出原材料的总数，而且还会提醒什么时候进行补货最合适。所以，接下来小宋你的主要工作就是按照这个物料需求计划里的指示按部就班地进行采购就可以了。"之后王部长又给其他人安排了一些具体的工作，会议结束后，大家按照物料需求计划的内容开始了正式的采购工作。

（二）销售有理有据

引入 ERP 系统之后，丰华公司供应链采购环节的问题得到了很好的解决，那么销售环节的问题是否也得到改善呢？

1. 双手得以解放

2015 年 5 月的一天，辉宇公司的订单终于按时完成，虽然还剩最后的收尾工作了，但张总还是觉得心中的一块石头落地了。中午时分，大家都陆陆续续去吃饭了。张总也不例外，他走进一家餐厅坐下之后，发现背面坐着的是公司财务部的小贾和几个其他的同事。他们并没有看到张总，所以张总也就没有主动去打招呼。但是他没有想到，这顿饭让他有了意外的收获。

只听到背面坐着的小贾说："之前一直都没时间追剧，财务上的事情真的是太多了，每天都有做不完的账，几乎天天要加班，下班回去倒头就睡了。没想到现在我也有每天都能追剧的时候。不得不说，真的要感谢公司几个领导决定引入 ERP 系统。自从有了这个系统，我再也不需要人工计算那么多账了。像这次辉宇公司的订单，订了两种不同的钢结构构件，咱们公司的售价计算方法那么复杂，计算起来要很大的工作量，我不用像以前那样手工计算了，只需把每种钢结构构件的订购数量输入系统，系统便会自动计算出售价，省了不少事呢。"

2. 信息四通八达

张总吃完饭回去之后，想到小贾说的话，脑海里蹦出来一个想法，公司内的员工才是直接接触到 ERP 系统的人，因此他们的感受才是最直观的。下午上班之后，他便把销售部的小曹和财务部的小王叫进了办公室。他们进来之后，张总说："咱们公司引入 ERP 系统也有一段时间了，你们都说说自己的感受吧。"

听完张总的话后，小曹先开口了："引入 ERP 系统之后确实方便了很多。以前我们各个部门之间都没法看到其他部门的数据，想要查询什么数据还得跑过来跑过去，这一跑一上午或者一下午就没了。有了 ERP 系统之后就不一样了，每个人需要用到的数据都能通过 ERP 系统看到。前几天我就接到了辉宇公司采购部打来的电话，想知道当前的生产进度，直接登录系统查看了主生产计划的完成情况，又查看了物料需求计划和能力需求计划里原材料的使用情况和车间的分配情况，没用几分钟就回答了对方的问题，对方看我这么快就回话非常满意。"

小曹说完之后，小王也开口了："这次开发票也是一样，以前我们财务部每周五才能收到销售部送来的销售订单，通常都是一次送来很多张，所以每周的周五都是最忙的时候。现在有了 ERP 系统，我们可以随时查看各个订单的完成情况，一完成，我们财务这边就可以开发票了，这样就不用所有的发票都等到周五那天开了。销售部也不用专门来给我们送订单了，两边都轻松了不少，也避免了许多客户不满的情况。"

（三）合理安排库存

丰华公司引入 ERP 系统后，成功解决了采购和销售环节的问题，如果在库存管理方面也能卓有成效，那么对丰华公司的整个供应链管理将大有好处。那么 ERP 系统对库存管理产生了哪些助力呢？

丰华公司在完成辉宇公司的订单期间，还发生了这样的一个插曲。一天，辉宇公司的代表来到丰华公司，和张总说："张总，是这样的，我们最近又接到了几笔建造房屋的订单，所以这次购买的数量很有可能不够了，但是现在时间紧迫，比起再花时间寻找另外一家合适的供应商，还不如增加你这边订单的数量。所以恐怕要在你这边多购买 100 万件建造房屋的钢结构构件了。"

张总听后说："这样吧，我把物流部和生产部的部长叫进来了解一下吧。"然后便给这两位部长拨通了电话。没一会儿，吴部长和孙部长就进来了。张总和他们说明情况之后，孙部长先开口了："现在我们对每种钢结构构件的库存控制策略都是不一样的，因为通常来说建造房屋的钢结构构件的市场需求量较大，所以我们会保留很大一部分这种钢结构构件和原材料的库存。但是刚刚有条生产线上的工序出了点问题，所以临时拿走了一批原材料重新生产，我需要把数据更新之后才能得出最后的信息。"

像是想到了什么，孙部长突然拍了一下大腿说道："瞧我这脑子，把 ERP 系统给忘记了。有了这个系统，物料的信息是可以实时更新的，我现在就看一下吧。"孙部长急忙登录 ERP 系统查看了目前原材料和这种钢结构构件的库存数量，然后说道："我查过了，现在还有一部分这种钢结构构件在库，原材料的数量也还够生产一些钢结构构件，如果我们及时采购原材料的话，可以生产这批钢结构构件。"辉宇公司的代表人听了之后当即决定增加采购量。

四、ERP 系统的成功应用

丰华公司引入 ERP 系统之后，很明显在供应链管理上有了很大的改善。公司内部的供应链不再是分散的三个个体，而成为一个紧密联系的整体，每个部门在安排和实施自己的工作时，都有其他部门的相关信息作为依据，每个员工工作时不再是盲目而凌乱的，所需要的各种数据都能够在 ERP 这个集成的信息系统中找到。有了这样准确的数据基础，员工在具体工作时才会更加坚定，工作效率才会提高，工作成果才会显现。这样一来，公司管理层拿到这些工作成果后，才能够做出更加符合自己公司发展现状的决策。

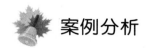 **案例分析**

1. 学习目标

本案例描述了在信息化发展的背景下，山西丰华钢铁制造有限公司应该如何改变传统的供应链管理以适应企业管理模式的变革，引入 ERP 系统是如何帮助企业将内部供应链结合成一个紧密整体的。通过对案例的学习和分析，充分理解 ERP 系统的管理思想以及 ERP 系统在企业中的重要作用，明确 ERP 系统对供应链管理的巨大助力作用，提高分析问题和解决问题的能力。

2. 启发性思考题

（1）丰华公司传统供应链下采购环节面临的难题是什么？公司是如何通过引入 ERP 系统解决这些难题的？

（2）丰华公司传统供应链下销售环节面临的难题是什么？公司是如何通过引入 ERP 系统解决这些难题的？

（3）丰华公司传统供应链下库存方面面临的难题是什么？公司是如何通过引入 ERP 系统解决这些难题的？

3. 分析思路

本案例首先提出丰华公司传统供应链管理中采购、销售、库存三个环节在信息化发展的大背景下面临的种种难题，最终丰华公司通过引入 ERP 系统，解决了传统供应链管理中各环节的难题，实现了供应链整体协同有机发展。案例分析思路与步骤如图 2 所示。

4. 理论依据与分析

丰华公司传统供应链下采购环节面临的难题是什么？公司是如何通过引入 ERP 系统解决这些难题的？

【理论依据：供应链下的采购管理】

供应链下的采购管理是依靠相应的订单来组织的，企业根据客户的需求来进行生产，生产部门将客户需求反馈给采购部门，采购部门驱动供应商。合理的采购可以通过对库存成本的有效控制来提升利润空间，可以进一步保障原材料的质量问题。

供应链下的采购管理是从计划下达、采购单生成、采购单执行、到货接收、检验入库、采购发票获取到采购结算的采购活动全过程，对采购过程中物流各环节状态进行严密的跟踪、监督，实现对企业采购活动执行过程的科学管理。现代管理教育将采购管理的职能划分为三类，即保障供应、供应链管理及信息管理。

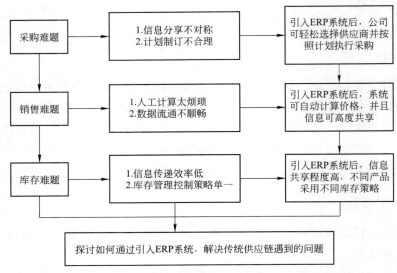

图 2　案例分析思路与步骤

传统采购中存在的主要问题：

（1）大部分采购是典型的非对称信息博弈过程；

（2）响应用户需求能力迟钝；

（3）供需关系大都是临时或短期的合作关系，竞争多于合作；

（4）采购与预测和物料需求计划结合不紧密。

ERP 系统中的采购管理有效地处理了传统采购管理中的问题，采购部门制订的采购计划能紧密地结合销售预测信息和生产的物料需求信息，对供应商执行实时动态的管理。

ERP 系统中的采购流程包括：选择供应商，生成采购作业计划，洽谈生成采购订单，订单跟踪，到货验收，采购结算。

【问题分析】

传统供应链下采购环节面临的难题：

（1）信息分享不对称。

丰华公司选择供应商的过程是典型的非对称信息博弈过程。在公司的传统采购业务中，选择供应商是首要任务。在采购过程中，公司为了能够从多个竞争性的钢材供应商中选择一个最佳的供应商，就会保留私有信息，而供应商为了提高自己的竞争优势也会在和其他的供应商竞争中隐瞒自己的信息。这样采购、供应双方都不能进行有效的信息沟通，这就是非信息对称的博弈过程。这样的过程导致了大量信息不能够共享，缺少及时的信息反馈。

（2）采购计划制订不合理。

丰华公司制订的采购计划是极其不合理的。首先，丰华公司进行第一次采购时只采购了人工粗略计算出来的所需原材料，但这会存在误差，而且没有考虑现有原材料库存。其次，采购部对原材料缺货现象没有及时发现，原材料缺货时，采购部的消息是从生产部得来的。而且对于紧急采购数量也不明确，生产部要求采购多少采购部便采购多少，一方面会有误差，另一方面也说明各部门之间信息不共享。

引入 ERP 系统后采购环节的变化：

（1）轻松选择供应商。

丰华公司在引入 ERP 系统后，在进行供应商的选择时更加准确了。如上所述竞标公司为了保护自己的隐私，也为了提高自己的竞争优势，过分夸大了自己的能力，还保留了很多信息，给丰华公司选择供应商时造成了很大的难题。引入 ERP 系统之后，系统帮助丰华公司对每个来参加竞标的供应商进行了定性和定量的分析，得出的结果更加准确，可以让公司轻松地选择最好的供应商。

（2）按照计划完成采购。

引入 ERP 系统后，采购部按照物料需求计划实施采购，用最低的成本采购到最佳数量的原材料。ERP 系统不但给丰华公司采购部节约了采购成本，而且会提醒什么时候应该进行补货，将缺货损失程度降到最低。

丰华公司传统供应链下销售环节面临的难题是什么？公司是如何通过引入 ERP 系统来解决这些难题的？

【理论依据：供应链下的销售管理】

在需求拉动式的企业经营模式下，销售管理是供应链中的首要环节，有了销售订单才有其他业务的执行过程。

供应链下的销售管理，属于营销管理的一部分，销售部要和不同的部门及公司层级接触，如财务部、市场部、运输部等。销售部是企业最直接效益的实现者，销售工作的成功与否直接决定企业的成败。

销售部的作用：

（1）为市场分析及定位提供依据。

（2）配合营销策略进行一系列的销售活动。

（3）用销售成果检验营销规划，并以此作为参考拟订竞争性营销策略以及制订新的营销规划。

（4）掌握大量第一手的客户信息，可以帮助企业发展，提高客户忠诚度。

企业销售管理业务流程：

（1）报价与销售订单管理。

（2）订货供应。

（3）收款和开发票。

（4）付款与退货。

传统的销售管理中存在的问题：

（1）不同的价格管理可能出现价格计算错误，从而造成顾客的不满。

（2）订单种类和客户较多时，会出现出货延误的情况。

（3）信息不能及时传递给财务部，开发票周期长。

（4）企业复杂的付款和退货程序会引起顾客的不满。

ERP系统中销售管理能及时和其他管理之间进行信息的传递，实现了信息的集成与共享，很好地解决了传统销售管理中存在的问题。

【问题分析】

传统供应链下销售环节面临的难题：

（1）人工计算太烦琐。

丰华公司在向客户给出销售定价时，不同的订货数量使用不同的折扣比例。因此，销售定价如果采用人工核算是非常烦琐的，容易出错且浪费时间。这次丰华公司只是接到了一笔订单，而且对方只是要订购一种钢结构构件，如果下次同时接到好几笔订单，或者接到一笔要订购几种不同的钢结构构件的订单时，这种人工计算方法的弊端会更大。

（2）数据流通不顺畅。

丰华公司内部存在的最主要的问题是各部门间信息独立，无法有效共享数据。销售部的员工无法随时获得其他部门的有关信息，导致客户咨询生产进度时需要亲自去相关部门了解相关信息，这不仅增加了时间成本，也会降低客户满意度。而且财务部只能凭借销售部每周五递送的软盘给客户开发票，这样会浪费很多时间成本，还会造成客户满意度下降。

引入ERP系统后销售方面的变化：

（1）用系统计算代替人工核算。

引入ERP系统后，会计人员再也不用通过人工核算进行销售定价，销售人员可以直接从系统中得到客户订单的总报价。并且引入ERP系统之后，丰华公司中很多报表都可以在系统里直接填写，这既节省了时间，又节约了人力成本。

（2）信息共享。

信息共享对于丰华公司的运作来说是极其重要的。以前公司内各个部门的数据都是相互独立的，如果想要了解某一方面的数据，需要让相关部门的员工重新进行搜索和提交。使用ERP系统之后，各部门的业务数据都可以随时查询，能够及时反馈信息，有利于丰华公司各部门协同发展，公司管理层也可以根据业务数据提出经营决策方案。

丰华公司传统供应链下库存方面面临的难题是什么？公司是如何通过引入ERP系统解决这些难题的？

【理论依据：供应链下的库存管理】

将库存管理置于供应链之中，是为了降低库存成本和提高企业市场反应能力，形成从点到链、从链到面的库存管理方法。恰当的采购管理以库存控制策略为基础，库存管理通过采购管理来进行库存控制。

库存管理是指与库存物料相关的计划和控制活动。它主要是依据企业的生产经营计划，使物料管理工作标准化和高效化，实现降低库存成本、提高供货率。

库存及库存管理的主要作用在于在供需之间建立缓冲区，达到缓和用户需求与企业生产能力之间、最终装配需求与零配件之间、零件加工工序之间、生产厂家需求与原材料供应商之间的矛盾。

库存管理的业务内容：

（1）物料出入库、移动管理。

（2）库存物料定期盘点，调整物料存量，做到账物相符。

（3）库存物料管理信息分析。

库存管理存在的问题：

（1）低效率的信息传递。

（2）忽视了不确定性对库存的影响。

（3）库存控制策略简单化。

（4）产品设计过程没有考虑库存的影响。

【问题分析】

传统供应链下库存方面面临的难题：

（1）信息传递的效率问题。

公司原有的信息系统并不能把所有的资源整合起来，部门之间的信息是不共享的，这就导致丰华公司与茂业公司在一开始的谈判过程中不能给出准确的交货期。另外，由于物流部没有及时地把各种原材料和钢结构构件的库存信息共享给其他部门，因此生产部门也无法及时地了解还需要生产多少钢结构构件，更不知道要采购多少原材料。

（2）库存控制策略单一。

丰华公司对于各种钢结构构件和原材料的库存控制策略过于简单化，这是丰华公司库存管理中存在的最主要的问题。市场对各种钢结构构件的需求情况是不一样的，每年建造房屋的钢结构构件市场需求量最大，但是丰华公司并没有针对这种情况做出改变，所以才会导致建造房屋的钢结构构件数量不足。

引入 ERP 系统后库存方面的变化：

引入 ERP 系统之后，丰华公司在库存管理上的两个问题都得到了解决。首先就是信息流通的问题。引入 ERP 系统之后，公司员工可以实时查询到所需要的信息。不仅如此，仓库内的任何物料，只要有数量上的改变，都能够在 ERP 系统中体现。其次，ERP 系统根据几种钢结构构件的特性制订了不同的库存控制策略，每种钢构件都因各自的性质有了不同的安全库存、提前订货期等，这能够帮助丰华公司实现更好的库存管理，最大限度地减少库存成本，提高经济效益。

5. 关键要点

1）关键点

本案例首先提出丰华公司传统供应链管理中采购、销售、库存三个环节在信息化发展的大背景下面临的种种难题，然后丰华公司通过引入 ERP 系统，解决了传统供应链各环节的难题，实现了供应链整体的协同有机发展。

2）知识点

采购管理；销售管理；库存管理；供应链中各个环节间的相互作用

3）能力点

快速学习能力、批判性思维能力、整体和部分相结合的思考能力。

参 考 文 献

[1] 黄宝香，黄克正，张勇，等. 面向供应链的可重构 ERP 系统 [J]. 机电一体化，2004，10（5）：45-48.

[2] 罗凯. 施工企业物资供应 ERP 管理研究 [J]. 经济研究导刊，2013（25）：21.

[3] 刘莹莹，朱冠瑾. 企业 ERP 供应链实训教程 [M]. 哈尔滨：哈尔滨工业大学出版社，2016.

[4] 杨建华. 企业资源计划：ERP 原理、应用与案例 [J]. 2 版. 北京：电子工业出版社，2015.

腾飞汽车：ERP 下生产管理大改造

摘要：本案例描述了腾飞汽车股份有限公司在传统的管理模式下以及引入 ERP 系统之后不同的生产管理方式。本案例通过几个具体的经营活动，旨在说明传统管理方式的公司在引入 ERP 系统的集成化信息管理模式后，如何克服公司在传统模式下生产管理中存在的弊端，使读者更加清晰地了解 ERP 系统的优势所在。

关键词：ERP 系统；生产管理

 引言

2014 年 10 月的一天，腾飞汽车股份有限公司（以下简称腾飞公司）的曹总像往常一样，八点准时到了办公室，但是，今天的曹总却心事重重，一进入办公室就坐在椅子上陷入沉思。

曹总一直在思考公司的发展前景，现如今已经步入信息化时代了，各个公司面临的市场竞争越来越激烈，最近这几年已经有不少公司顶不住竞争压力而宣告破产了。曹总是万万不想让这种事情发生在自己公司头上的。但现实却是，自己的公司如今还沿用着以前的管理模式，曹总很明显地感觉到，公司目前的管理模式已经不适应现在的市场环境了。

公司的利润一年不如一年，卖出去的车辆也越来越少了，2012 年一共卖出 7.3 万辆车，2013 年一共卖出去 6.5 万辆车，而今年眼看着到年底了，却只卖出去 5.25 万辆车。曹总心里明白，是该做出一些改变了。

一、企业介绍

腾飞公司是一家集体所有制企业，成立于 2000 年，公司总部位于北京，是一家已经在香港 H 股上市的整车汽车企业。腾飞汽车在国内拥有较大规模的皮卡 SUV 专业生产厂，下属控股子公司 20 余家，员工 50 000 余人，拥有 5 个整车生产基地，具备发动机、变速器、前桥、后桥等核心零部件自主配套能力。腾飞公司从 2005 年开始从事整车配套的汽车零部件生产，2006 年建成了较大规模、装备先进的现代化发动机生产基地。

腾飞公司的总经理是曹总，负责统筹公司内一切业务活动和重大决策。公司内设有几个比较重要的部门，其中，生产部的负责人是赵部长，小张是生产部的主生产计划员，负责制订生产计划。销售部的负责人是李部长，物流部的负责人是贾部长，设计部的负责人是陈部长，财务部的负责人是肖部长。

二、寻求改变还是一成不变

就在曹总思考这些问题时，生产部的赵部长敲门进来了，赵部长一进来就说："曹总啊，这个月 SUV 的生产进度又得加快了，没想到今年这款车型这么火爆，市场需求与去年相比，足足翻了一番，轿车的需求量却减少了很多。现在这个事不太好办啊。"

曹总听了后，也是一脸忧愁，说道："很明显我们之前预测的市场需求是有问题的，对应制订的生产计划也存在问题，但是已经生产了这么多了，要临时改变生产计划代价太大了，只能先集中生产力生产 SUV 了。我知道你的工作也很难做，但是现在也只能辛苦你和车间的员工多沟通了。"

赵部长说："这是我该做的，但是曹总，我们公司在生产管理上的确存在很大的问题，员工们抱怨几句就罢了，关键是我们要保证能够及时满足消费者的需求。"曹总听完后说道："我也明白现在公司生产管理这一块存在很大问题，看来确实需要做出一些改变了。"

（一）前期调查不准确

2014 年春节过后是腾飞公司开始新一年生产运营的时候。每年公司在实际生产之前，都会制订一份详尽的生产计划，用来指导后面的实际操作，今年也不例外。生产部的小张在制订生产计划前，还是像往常一样，先去采购部了解近五年内每年每种零部件的采购量，又去销售部了解近五年内各种车型每年的销售量，又去物流部了解公司剩余的各种零部件的库存量。这么来来回回地跑，光是了解数据，小张就花了一上午的时间。

了解了这些数据之后，小张开始制订今年的生产计划，他发现，他花了很长时间了解到的这些数据依然不够全面，只能再凭借查阅资料以及自己的经验来预测今年的市场需求。小张形成生产计划后，经过公司管理层讨论，最终敲定了这份生产计划，公司决定今年只生产轿车和 SUV 两种车型。

（二）生产计划制订不合理

生产计划制订好之后，腾飞公司开始了具体的生产。公司已经自主研发出了发动机和轮胎的生产技术，所以这两种零部件不需要采购。生产部按照小张给出的生产计划进行生产，刚开始生产了 2 万个发动机、5 万个轿车所用的轮胎、5 万个 SUV 所用的轮胎。

等到这两种汽车组装好，开始接受各个门店陆陆续续的订单时，生产部部长接到了销售部李部长的电话，电话中李部长着急地说道："赵部长，出问题了，到目前为止 SUV 的订单比轿车的订单要多很多！我们生产出来的 SUV 数量远远不够啊！""什么？怎么会这样？"赵部长坐不住了，急忙说道："我们根据以往的销售量预测今年这两种车型的需求量应该也差不多啊，怎么今年市场突然变化这么大。现在发动机倒是还有库存，可是轮胎数量远远不够啊，我赶紧通知员工加紧生产轮胎吧。"

挂了电话之后，赵部长急忙召开了部门会议，会上赵部长详细地说明了现在的情况，赵部长说："我刚得到消息，现在 SUV 的需求量大幅度增加，我们现在组装好的数量已经远达不到需求，现在发动机还有一部分库存，所以接下来我们必须要加班加点生产轮胎。"就这样，生产部紧锣密鼓地开始了轮胎生产，同时还要生产发动机，保证几种零部件数量上的匹配。

（三）数据共享不及时

赵部长明显感觉到，由于前期预测有偏差，现在导致工人们要加班生产轮胎，工人们有了很多负面情绪，并且，在生产过程中，自己部门的员工想要了解其他部门的相关数据时很不方便，需要来来回回地跑，非常浪费时间。

这次生产结束之后，几个部长坐下来聊天，赵部长首先说："这次真是有惊无险，没想到实际的市场需求和我们预测的市场需求会有这么大的不同。看来一开始生产计划的制订就是有问题的，由于无法实现数据共享，小张不能及时准确地获得来自采购、销售、库存方面的数据，他只能凭借自己的个人经验，以及搜集到的一些零散的、不全面的数据来制订计划，这样得到的计划势必会有很多漏洞。"

销售部李部长听了之后，说道："是啊，数据无法共享这个问题确实很严重，去其他部门了解信息这个过程浪费时间不说，还有可能得到不准确的信息。另外，由于生产计划不准确，以至于影响了生产进度，客户预订的 SUV 迟迟不能交货，引起了顾客一些不满意的情绪，我们部门的成员也是协调了好久啊。"

三、改变现状才有未来

之后曹总召开了一次总结大会，会上生产部赵部长除了把这几个问题阐述出来之外，还说道："其实说到底，我们公司和大多数制造企业一样有三个最主要的目标，第一个是最大的客户满意度，第二个是最少的库存占用资金，第三个是最高的效率，也就是说要在成本最低的情况下达到最大生产率。但是，公司目前的经营模式无法同时达到这三个目标，因为它们是相互冲突的。要想得到最大的客户满意度，就必须保证完成客户的每一笔订单，这样一来，为了防止出现突发情况，公司必须保证有足够的库存量，这就与第二个、第三个目标冲突。而要想保证最高效率，也势必会增加库存量。所以，我有个想法，我们公司可以试着引入 ERP 系统。现在这个系统很火爆，很多公司都引入了，它其实就是一套集成化的信息管理系统，可以用准确的数据来帮助我们更好地做出决策。"

曹总听了之后说："其实我也想到了 ERP 系统，针对我们公司现在存在的这些问题，我也认为引入 ERP 系统是很有帮助的。"曹总当即决定，必须引入 ERP 系统。公司用了一年多的时间，在 2015 年年底成功引入了 ERP 系统。要将 ERP 系统适用于腾飞公司，还需要在系统中录入本企业的相关信息和生产参数，包括技术参数、资源、品号等信息作为 MPS（主生产计划）的运行依据。

2016 年年初，新一年的生产计划又要开始制订了，这一年和以往有了很大的不同。首先，腾飞公司成立了一个计划制订小组，组长是曹总，组员包括生产部赵部长、销售部李部长，还有几位生产部的员工，分别是主生产计划员小张、物料需求计划员小冀、能力需求计划员小郭和车间作业控制员小于。

（一）科学制订生产计划

在正式开始制订生产计划之前，计划制订小组召开了一次战略会议，会上曹总说："首先，我们管理层得先有一个总的战略规划，战略规划是公司的总体目标，是各层计划的依据。有了整体方向，下面的人才好进行具体的工作。所以，我先定一个我们公司的主要生产计划框架。去年的情况大家也都看到了，SUV 的需求量大幅度上升，比轿车的需求量多了很多，所以在接下来的 5 年内，公司的生产重点主要集中在 SUV 上，当然，这并不代表公司会停止生产轿车，所以我们要协调好两种车型的生产工作。"

曹总说完之后，销售部李部长开口了："有了这个总方向，那接下来的事情就好办了。我们公司当初成立的宗旨就是为人们提供低价格、高品质的服务，所以说公司接下来的主打市场依旧是那些居民的平均工资水平并不是很高的二、三线城市。""的确，我们要致力于占据这些城市 30% 以上的市场份额，这样才能够一步步扩大我们公司的规模。"曹总说道，"最主要的，我们不仅要关注数量，更要关注质量，最起码要达到 98% 的客户满意度，这样才能实现我们的战略目标。"曹总说完之后，生产部赵部长针对曹总和李部长的讲话提出了对生产人员、设施、设备以及物料方面的需求，赵部长说道："既然我们决定接下来要集中生产 SUV，那就要多增加几条生产 SUV 的生产线，只凭现在这些肯定是不够的。另外，要想达到 98% 的客户满意度，就要提高车辆的质量，所以要改进一些零部件的生产工艺，目前我们公司自主研发的发动机和轮胎，也要加以改进。"

有了这些总体的方向之后，腾飞公司首先将现有的销售数据、库存数据及原材料数量导入系统，通过销售管理子系统的客户订单和销售预测确定生产计划的来源。根据录入的品号信息、BOM 用量、工单信息、采购单信息生成主生产计划。通过对 MPS 的运算得到相应的物料需求计划和批次需求计划，生成对应的采购计划。根据生成的 MPS 制订能力需求计划和车间控制计划。公司严格按照 ERP 系统中的内容对生产管理进行控制，年底结算时，曹总拿到了一份会计部门提交的财务报表，了解到最近这半年公司的利润已经达到了 24 亿元，几乎相当于去年一年的利润。

（二）随时随地了解进度

2016 年的一个星期三，临近中午时，公司的主生产计划员小张正准备去吃午饭，电话铃响了，是生产部赵部长打来的。"小张，我刚刚接到销售部李部长的电话，他说，如果我们能在两个星期之内组装好 2 000 辆 SUV，就可以和泰国的一家公司达成合作了。""这是一个好消息啊，这样就可以开拓国外市场了。"小张回答道。赵部长说："是啊，这将是一个重要的新客户，如果我们这第一步走出去了，以后的生意会接踵而来的。"小张知道，赵部长打电话给他不仅仅是告诉他这个好消息，"两周之内组装好 2 000 辆 SUV"才是重点，作为主生产计划员，他意识到赵部长下面还有话说。

"你也知道，交货是销售中的大问题，现在还有一家汽车制造商也在和泰国方面交涉，他们已经承诺可以在 3 周之内交货。"赵部长停顿了一下，接着说："如果我们想要做成这笔生意，就必须做得更好。我们能在 2 周内组装好这 2 000 辆 SUV 吗？"小张在今天上午刚刚检查过 SUV 的主生产计划。他知道，最近几周生产线都已经排满了，思考了一下之后，小张意识到必须要修改计划了。"那我来处理这件事情吧。"小张说道："两小时之后我给您回电话吧，我需要检查主生产计划，再和有关人员讨论一下。"接下来小张要做的第一步就是检查主生产计划。

他首先在 ERP 系统中检查了 SUV 的主生产计划，有几条生产线上 SUV 正处于不同的生产阶段，但是它们是为别的顾客生产的，小张心里想，看来这几条生产线暂时不可以变动了。然后，小张又检查了轿车的主生产计划，看了一会后，小张突然眼前一亮，因为他发现目前有几条生产线上的轿车刚刚开始组装，但由于他并不清楚是否可以把这几条生产线利用起来，所以先拿笔记下了这几条生产线。

（三）具体信息一目了然

记好这几条生产线之后，小张立马给物料需求计划员小冀打通电话："小冀，是这样的，刚刚赵部长给我打电话说，公司为了赢得一个泰国的客户，需要在 2 周之内生产组装好 2 000 辆 SUV，这个客户对于公司来说极其重要，所以我们无论如何也要帮公司拿下这个客户。"小张顿了顿又说："当务之急就是要看看目前公司现有的用于组装 SUV 的零部件数量够不够，主生产计划表里看不出这方面的信息，所以得麻烦你赶紧查一查。"小张说完之后，小冀心里明白他的意思了，说道："这样吧，我先看看各个零部件的物料需求计划吧，看是不是能利用现有的零部件组装 SUV，10 分钟之后我答复你。"

和小张通完电话之后，小冀急忙登录 ERP 系统查看了两种车型所需零部件的物料需求计划。轿车和 SUV 两种车辆所用的发动机是同一种，所以小冀先查看了发动机的物料需求计划。这一看，小冀心里便有底了。因为发动机的物料需求计划表中显示，目前可利用的发动机数量还有很多，足够组装 2 000 辆 SUV 了。怀着激动的心情，小冀又赶紧查看了剩余几种零部件的物料需求计划，发现组装 SUV 的前挡风玻璃存货不多了，并且物料需求计划中显示一周后会出现缺货的现象，考虑到这种挡风玻璃的订货提前期是 3 天，也就是说最晚周六公司就要下前挡风玻璃的订单了。好在其余的零部件都没有缺货的现象，并且数量足够组装 2 000 辆 SUV。

这下小冀终于放心了，他急忙给小张打电话，说："其他零部件都没有问题，就只有前挡风玻璃存货不足了，我们在周六之前订货的话三天之后就能到了，所以不会影响这次的交货。"从这个过程中我们能够看出，小冀只是在计算机上操作了几下，就很轻松准确地了解到了各种零部件的情况。

（四）灵活运用现有生产能力

了解到物料信息后，小张给能力需求计划员小郭打了电话，电话中小张把详细情况和小郭说了一遍之后，又补充道："我已经查看过轿车和 SUV 的主生产计划了，初步想法是这样的，因为那几条生产 SUV 的生产线已经要结束了，那些都是别的顾客早早订好的，如果现在临时和他们说要延迟交货期的话，怕是那些客户都不能同意，我们也不能为了新客户而失去这些现有的客户。但是有几条生产轿车的生产线目前刚开始运作，现在变成组装 SUV 还来得及，所以我来和你商量商量，看可不可以让这几条生产线暂缓生产轿车，改成生产 SUV。零部件那边你不用担心，我已经问过小冀了，没有问题。"

小郭想了想说："听起来你的这个想法是可行的，我先查一查在生产之前制订的能力需求计划吧，半个小时之后答复你。"放下电话之后，小郭便登录了 ERP 系统。要想改变生产线，他必须了解这几条生产线在两周内的工作负荷，即生产能力，因为组装 SUV 和轿车所需的生产能力是不同的。

小郭查看之后，发现小张的想法可以实现。虽然组装轿车的生产线生产能力较小，但是因为组装 SUV 的那几条生产线马上就要结束了，他可以把这几条生产线的一部分工人安排过去，这样就能提高生产能力了。然后暂缓组装轿车，用那几条生产线加上加派的工人在 2 周之内组装 2 000 辆 SUV 还是能够实现的。得出这个结论之后，他马上给小张打了电话说明了这个情况。

（五）根据指示安排工作

小张得到小郭的反馈之后，十分高兴，现在主生产计划、物料需求计划、能力需求计划都显示他们完全有能力在 2 周之内组装好 2 000 辆 SUV，所以就剩最后一步了，那就是具体实施。既然要暂缓生产轿车，他必须要征得客户同意才可以。他去主生产计划里查看了这些轿车的订单分别都是哪几家销售门店提交的，记好每家销售门店的电话之后，他第一时间和这些门店的经理进行了交谈，让他们和顾客进行交涉，看是否能够推迟 2 周再来提车，并且承诺了这些顾客，如果他们同意，公司将会多赠送一年的免费保养。这些销售门店的经理亲自和提交了订单的客户进行了交谈，好在他们同意了这种做法。接到消息后，小张又去财务部得到了财务部的批准。

这些工作都完成之后，小张长舒了一口气，下午准时给赵部长打了电话："赵部长，您可以告诉李部长两周之后我们可以交货。"接着，赵部长亲自去车间，让那几条生产线改为组装 SUV，并且从快完工的生产线上撤下来几个人来这边帮忙一起完成这笔订单。针对这笔订单，小张、小冀、小郭分别制订了主生产计划、物料需求计划和能力需求计划，并生成了相应的 MPS 工单、LRP（批次需求计划）采购单，之后的具体生产过程将严格按照这几个计划进行控制和管理。

主生产计划给出了最终产品即 SUV 的生产计划，2 周内组装 2 000 辆，根据物料需求计划把物料清单展开得到零部件的需求计划，目前其他零部件都有足够的数量，唯独前挡风玻璃需要在三天之内下订单，小冀定于周四下订单，周日就能收到。生产车间根据生成的工单，计算出所需的物料并生成了领料单，发放给存货管理子系统。将生成的产品放入成品库中，生成生产入库单。在生产的过程中，通过车间作业控制对生产过程进行监管和控制，保证了生产进度。

经过 2 周的不懈努力，腾飞公司终于如约给泰国的公司交了货，这也代表着，公司从此开拓了泰国的市场。

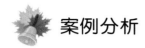 案例分析

1. 学习目标

本案例描述了在信息化时代发展背景下，腾飞公司如何利用 ERP 系统完成企业生产管理方式变革；ERP 系统如何解决企业的问题，整合各部门数据信息，辅助企业各部门间的业务沟通。通过对案例的学习和分析，了解 ERP 系统运作的过程，体会 ERP 系统对企业生产管理流程的改造；提高对 ERP 系统的理解，将 ERP 系统理论和实践结合，运用到实际问题的处理中。

2. 启发思考题

（1）腾飞公司在引入 ERP 系统之前，生产管理上有哪些问题？

（2）案例中多次提到的主生产计划，它在生产中起到了什么作用？它对生产有怎样的影响？

（3）腾飞公司在引入 ERP 系统之后的生产管理与之前有什么不同？

3. 分析思路

案例首先通过腾飞公司具体的经营活动分析出传统模式下公司在生产管理中存在的问题，公司领导认识到在如今的信息化时代，公司现有的传统运营模式已经不能够支撑企业继续生存，因此公司引入了 ERP 系统。然后案例又介绍了腾飞公司引入 ERP 系统之后具体的生产经营活动，分析出了公司是如何利用 ERP 系统解决之前存在的问题的。

案例分析思路和步骤如图 1 所示。

4. 理论依据与分析

腾飞公司在引入 ERP 系统之前，生产管理上有哪些问题？

【理论依据：传统的生产管理】

生产管理是企业生产系统的设置和运行的各项管理工作的总称，又称生产控制。

企业中生产管理的主要功能是负责制造企业的产品或服务。生产管理的主要任务是根据销售部门的市场需求或生产计划，对生产进行合理安排，以满足客户需要。生产管理的主要职能包括：制订各种层次的生产计划（包括中长期计划和短期执行计划）；在生产中执行计划，控制车间作业进度和质量等。生产管理的实质是运用材料、机械设备、人，结合作业方法，使用相关检测手段，在适宜的环境下，达成质量、成本、交货期的目标。

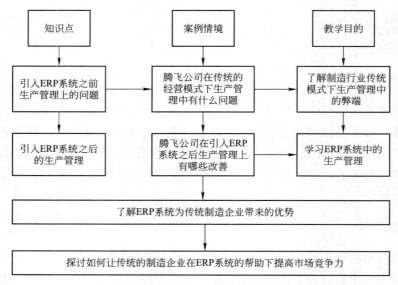

图 1　案例分析思路与步骤

传统生产管理中存在的问题：

（1）计划和管理的难题。

（2）生产和控制的难题。

（3）库存和资金周转期的问题。

（4）数据的及时查询和控制难题。

【问题分析】

从案例中能够看到，腾飞公司在传统模式下的生产管理中存在以下两方面的问题。

第一，数据不共享，公司各部门数据没有共享的渠道，公司各部门成员无法查阅到所需要的其他部门的数据。生产部门在制订生产计划时需要销售部、库存管理部的现有数据。而腾飞公司在原有的传统模式下，生产部在制订生产计划时需要耗费大量时间去各个部门查阅信息，不仅浪费了大量时间，而且调查到的数据不全面且有很大误差，最终制订的生产计划也将是不科学的。

第二，制订生产计划时除了需要准确的数据外，还需要对市场进行准确的分析，对客户的喜好和市场的需求变动有较为准确的了解，而不能只根据以往的资料和主观经验去制订。不良的生产计划会直接影响到生产进度，到了具体生产阶段没有准确的生产计划作指导，会严重影响公司该年度的正常运转，甚至影响到公司的未来发展。

腾飞公司在制订本年生产计划时，小张并没有获得各部门的准确数据，而是基于不全面的数据加上自己经验进行市场预测制订出了生产计划，在拿给高层分析讨论时，公司领导层也没有对生产计划进行深入分析和研究。说明腾飞公司不仅在数据共享方面欠缺，而且没有意识到生产计划的重要性，对生产计划的重视程度不够。

案例中多次提到的主生产计划，它在生产中起到了什么作用？它对生产有怎样的影响？

【理论依据：主生产计划】

主生产计划是关于"将要生产什么"的描述，它确定了每一种具体产品在每一个具体时间段的生产计划。它驱动物料需求计划，再由物料需求计划生成车间作业控制，因此主生产计划在ERP系统中起着承上启下的作用。

同时，主生产计划是联系市场销售和生产制造的桥梁，使生产活动符合不断变化的市场需求，又向销售部门提供生产和库存的信息，起着沟通内外的作用。因此，主生产计划是ERP系统下生产管理中极为关键的一个环节。

【问题分析】

本案例中，引入ERP系统之前，小张根据不准确数据及经验制订了主生产计划，和最终的市场需求相差很大，导致销售部门无法向客户准时交货，生产部门要加班加点生产。这不仅使员工有怨言，还收到了一些顾客不满意的反馈。引入ERP系统之后，计划制订小组根据公司的战略规划制订了科学的主生产计划、物料需求计划、能力需求计划和车间作业控制。在公司销售部和生产部之间起到了良好的连接作用的同时，还大幅提升了经济利润。

腾飞公司在引入ERP系统之后的生产管理与之前有什么不同？

【理论依据：主生产计划、物料需求计划、能力需求计划、车间作业控制】

主生产计划是关于"将要生产什么"的描述，它确定了每一种具体产品在每一个具体时间段的生产计划。

物料需求计划的主要作用是将主生产计划排产的产品分解成原材料采购件的采购计划、外协件的外协计划和各种自制件的加工装配计划。它与主生产计划、车间作业管理、能力需求计划、物流管理等系统集成，是反映企业需要生产什么、什么时候生产、生产多少的动态闭环控制计划系统。

能力需求计划首先把物料需求转换为能力需求，把物料需求计划的计划生产订单和已下达生产订单所需的能力，转换为每个工作中心在各个时区的负荷。然后根据工作中心各个时段的可用能力对各工作中心的能力与负荷进行平衡，实现企业均衡生产。

车间作业控制在物料需求计划所产生的加工制造订单基础上，按照交货期的前后和生产优先级选择原则，以及车间的生产资源情况，将零部件的生产计划以订单的形式下达给适当的车间。在车间内部，根据零部件的工艺路线等信息制订车间生产的日计划，组织日常的生产。同时，在订单的生产过程中，实时采集车间生产的动态信息，了解生产进度，发现问题及时解决，尽可能使车间的实际生产接近计划。

【问题分析】

腾飞公司引入ERP系统之后，生产计划的管理方面发生了改变，不仅有主生产计划作为指导，还有物料需求计划、能力需求计划、车间作业控制。这些计划都能更好地指导公司的生产管理。

公司成员以前要了解生产进度，需要去各个车间各个生产线实地考察，才能了解到准确的数据，但是在引入 ERP 系统之后，公司内任何一个员工都可以随时随地在 ERP 系统上了解到各个产品的生产进度，这一切都要归功于 ERP 系统中的主生产计划。

在这个案例中，公司突然接到了一笔紧急订单，在这种情况下，如果公司还是按照以前的管理模式，根本不可能在这么短的时间内了解到这么多准确的信息。而公司现在引入了 ERP 系统后，有了物料需求计划，小冀轻松准确地了解到了各种零部件的库存情况，并且还了解到需要的各种零部件当前都不缺货，这都要归功于 ERP 系统中的物料需求计划。

有了小冀查询到的信息之后，小郭通过能力需求计划很快地了解到了每条生产线的能力，并且通过调整能力和负荷满足了客户的需求。

从最后具体生产的过程中能够看出，公司引入 ERP 系统之后，生产过程是严格按照前面的一系列计划执行的。并且在生产车间领料、退料、产成品入库的环节上都有相应的凭证生成，保证了生产信息的实时更新，有助于对生产进度的把控。由于生产订单的优先级不同，所以赵部长亲自去车间说明了泰国公司这笔订单的优先级，强调优先生产这笔订单。有了这些前期的准备工作，后面的车间作业控制也更加有效了。

5. 关键要点

1）关键点

本案例首先通过腾飞公司具体的经营活动分析出了传统模式下公司在生产管理中存在的问题，公司领导认识到在如今的信息化时代，公司现有的传统经营模式已经不能够支撑企业继续生存，因此公司引入了 ERP 系统。本案例又介绍了腾飞汽车股份有限公司引入 ERP 系统之后具体的生产经营活动，分析出了公司是如何利用 ERP 系统解决之前存在的问题的。

2）关键知识点

主生产计划；物料需求计划；能力需求计划；车间控制

3）能力点

快速学习能力、批判性思维能力、整体和部分相结合的思考能力。

参 考 文 献

[1] 李扬，郭顺生. 面向汽车零部件企业的 ERP 系统中生产管理子系统研究［J］. 机械

制造，2007，45（8）：56-58.

［2］王莉，岑豫皖. ERP 系统中生产计划管理的一种实现［J］. 安徽工业大学学报（自然科学版），2002，19（1）：54-57.

［3］吴红梅，吴豫新. 生产型企业的 ERP 系统中设备管理和生产管理的信息共享［J］. 制造技术与机床，2008（4）：137-140.

［4］冯丽，江征风. ERP 中生产管理系统的设计与实现［J］. 武汉理工大学学报（信息与管理工程版），2015，27（6）：82-85.

梦绒公司：当财务管理"邂逅"ERP

摘要：本案例描述了梦绒公司的几次转型发展。通过 ERP 系统的引入，改变了传统的财务管理模式，梦绒公司实现了真正的财务管理。通过财务管理系统中账务管理、财务分析、费用管理等，把公司的财务工作上升到管理的高度。特别是通过财务与采购、财务与生产、财务与销售和财务与库存等企业各个业务环节的财务业务一体化，将信息高度集成与共享，从而实现梦绒公司的人、财、物、产、供、销的一体化管理。不仅如此，ERP 系统的引入，提高了梦绒公司财务信息的准确性和实时性，对公司管理层的决策能力起到了积极的推进作用。

关键词：ERP；财务管理；财务业务一体化

 引言

2010 年的春天，春暖花开，阳光明媚。坐在办公室中的王总却眉头紧皱，心情复杂。承载着父母一生心血的羊绒衫公司在发展中面临着种种障碍。在近两年信息技术快速发展的推动下，王总在公司中已经做了一些信息化的基础设施建设，但是王总还是觉得，各个部门仍然不能很好地协同发展。尤其是财务部，尽管已经告别了手工记账模式，但是现有的财务系统仍然不能满足企业日益增加的财务核算要求，更不能基于成本管理提出一些经营决策的方案。他意识到公司必须要经历再一次的转型。但是如何改革？如何突破陈旧的发展模式？如何使公司各个部门协同有机发展？这些都是王总必须要考虑的问题。他不敢用父母的一生心血去开玩笑，因此，他陷入了深思……

一、企业介绍

梦绒公司位于鄂尔多斯市东胜区罕台镇，是一家大型的羊绒服饰加工厂。该公司地处羊绒资源丰厚的鄂尔多斯市，历经几十年的发展，已经从一家家庭作坊逐渐发展成为一家拥有精湛加工技术的大型羊绒衫加工厂，并且成为当地大型商场的固定供货商。梦绒公司的王总在 23 岁大学毕业后就接手了父母创办的羊绒衫制造厂，他接手后为该工厂注入了很多新鲜的发展理念，该厂加工的羊绒产品已经逐步地形成品牌并建立专卖店，享誉国内外。截至 2013 年年底，该公司已经成功设立 10 个分厂，所生产的羊绒衫的市场占有率在当地已经高达 40%，年利润已经达到 5 000 万元，稳居当地羊绒衫品牌的前 10 名。

二、前路漫漫，难题如何解决

（一）手工记账的弊端

尽管梦绒公司如今已经占有了一定的市场规模，但是发展中也历经了很多坎坷。梦绒公司是王总的父母一手操办起来的羊绒衫加工厂，起初是从家庭式作坊起家的，工厂规模小。为了节省成本，进货、加工、销售甚至财务都是自己来兼管的。随着工厂订单量的逐渐增多，王总的父母觉得力不从心。

因此，当时还在上大学的王总就建议父母招收专业人才。在大规模的招收新员工后，工厂的发展渐渐地步入正轨，各部门员工各司其职。成立了设计部后，衣服的款式逐渐多了起来，专业会计的加入，让加工厂的账目日渐清晰。之后，加工厂正式更名为梦绒公司，王总父母的脸上都透着无法言表的喜悦。

一晃两年过去了，王总在大学毕业后正式接手了梦绒公司，任执行董事长。在他接手后，首先就发现了财务部存在效率低、准确率低的问题。他召集了公司财务部进行商讨，会计小张说："我们公司目前采取手工记账的方式，光是记账程序就十分烦琐，要历经编制记账凭证、记账、结账、对账、登账、制表等工序。在记账过程中任何一步的疏忽，都有可能会造成期末总账的错误。比如去年的 6 月末结账，销售部门一笔账目少入了 5 万元，我们整个财务部人员加班两天一笔笔进行核查，浪费了许多人力物力。不光如此，在手工记账的方式下公司的成本预算整体还属于拍脑袋式，没有确切的依据。所以每次预算都会出现一定的偏差。"

王总听到会计小张这一番话，意识到这是一个迫在眉睫需要整改的问题。他开始到公司各个部门进行调研，发现这一问题不仅体现在财务部，包括采购部、生产部、销售部都暴露出传统手工操作效率低下、工作失误率高的弊端。因此，他下定决心要对公司进行整改。

（二）引入财务系统

王总大学时期在北京某所高校攻读计算机专业，所以说到取代人工操作他首先就想到了运用计算机技术。王总有了这个想法后立即回到北京，通过一些老同学找到了一些软件公司并开展了调研，试图在公司中引进现成的财务系统、生产管理系统、销售系统等办公系统。在他长达 3 个月的调研中，通过各种分析对比，根据公司的需求和实际情况，最终决定用 Z 公司的办公系统。

尽管梦绒公司员工有一些计算机基础，但如果直接让员工上手使用办公系统还是有很大难度的。因此，王总和 Z 公司达成协议，Z 公司派专业人员到梦绒公司进行系统使用的指导，使相应的员工能够熟练地运用办公系统。果然不出所料，引入办公系统后，工作效率和准确性都大大提高了。

比如，对于财务部来说，财务系统的引进避免了手工记账的诸多弊端，提高了财务人员的工作效率以及准确性，使该公司的每一笔入账出账能够完整准确地在系统中核算，并可以被监管人员有效地审核。由于大量的核算工作都已经实现自动化，会计人员的工作重点将从事中记账算账、事后报账转向事前预测规划、事中控制监督、事后分析决策。信息化的引入迅速推动了梦绒公司的发展，由此，梦绒公司转型基本成功，王总紧皱的眉毛终于舒展一些。

（三）发现"信息孤岛"

企业会计信息化是企业整体信息化的核心部分，在引入了各个零碎的信息化系统后，梦绒公司已经实现了利用计算机技术代替手工操作的转型。但是好景不长，随着订单量的再次增大，财务部的刘部长终于按捺不住，敲开了王总办公室的门，说道："王总，我总觉得我们公司的财务系统是单一的、割裂的，与生产管理、销售管理、库存管理等系统都建立不起真正的联系。所以，'信息孤岛'现象在我们公司中普遍存在。"

王总像是觅到知音一样，说道："我也意识到这个问题，由于财务系统与各个业务系统缺乏集成，这就造成了信息共享程度低、无法在业务发生时对财务信息实时采集。"

刘部长频频点头，说道："我认为，咱们公司之所以现在面临着信息孤岛的问题，就是因为咱们并没有实现全面的信息化，我们公司的信息化只是局部的。您看，咱们虽然引入了财务管理、销售管理等系统，但是这些系统并没有建立起信息沟通。虽然现在财务人员不需要一到月底就奔波于各个部门对账了，但是各个部门月底提交给我们的各种报表，我们仍然头疼不已呀，月末简直就是财务人员的噩梦。"

王总听后，瞬间明白了公司目前欠缺的部分，对刘部长说："公司本就是一个集合体，各种信息都应该是高度集成的。财务业务一体化才是我们应该追求的最终目标。并且，一个真正有用的财务系统是能和各个业务模块建立联系的集成系统，而不是一个单独的财务核算和管理系统。"王总和刘部长会心一笑，但随即又陷入新一轮的转型思考中。

（四）如何实现财务业务一体化

在王总和刘部长探讨后的第二天，王总就迫不及待地召集各个部门的部长召开公司转型大会，打算重新构建公司的财务管理模式。会议上，王总说道："对于我们公司来说生产管理、采购管理、库存管理、财务管理这些方面本来就应该是一个集成体，它们之间是相辅相成的。我们要想快速地发展就需要建立协同管理的平台，实现财务业务一体化。"

随即，财务部刘部长附和道："对于财务管理来说，主要对象是公司的资金流。公司资金流的控制对经营生产、投资决策都起着至关重要的作用。随着公司的逐渐发展，我们对资金流的控制要求也需要逐渐地提高。"

公司的副总李经理恍然大悟道："的确，我们公司的经营决策需要的不仅是整个公司资金的流量和流速的信息状况，更需要通过财务管理系统分析出问题所在，以便能够实时地解决问题。公司的一切活动都离不开资金的流动，核心目标都是实现效益的最大化呀。所以一个集成的财务系统至关重要！"

在激烈的讨论下，公司的管理层达成共识，他们认为以财务管理为核心引入一个完整的、集成的 ERP 系统对于公司来说是解决现阶段问题的一个最有效的手段。说干就干，王总立马组织成员成立了信息化工作小组，并让各个部门负责人带领本部门员工明确需求到底是什么。在进一步明确需求后，王总带领信息化小组成员进行了业务流程的重组。一切准备就绪后，在信息咨询公司的帮助下，梦绒公司引进了自己的 ERP 系统。

三、财务系统结合 ERP 系统实现华丽的转身

2013 年的 10 月，梦绒公司正式引入 ERP 系统。在系统正式上线的那天，王总激动地盯着自己的办公计算机。计算机上已经可以随时地查询和监控梦绒公司的生产、销售情况，并能够随时查询公司利润和预算使用情况。ERP 系统的引入使王总能够及时地发现公司经营中的问题，并据此对计划和预算进行适时的调整。

在财务部刘部长的办公计算机上可以随时查询和监控企业的生产和运营成本以及现金流量等信息，根据这些信息可以及时并有效地调动和控制企业的现金收支；在采购部部长的办公计算机上，可以随时查询和监控库存量的实时变动信息，从而适时地制订采购计划；在生产部部长的办公计算机上可以随时查询和监控生产人员的生产耗费和成本，据此实施对生产作业的成本控制。这些改变让梦绒公司上上下下充满着惊喜与喜悦。

（一）实时进行成本管理

10 月份正是羊绒衫的销售旺季。但与以往不同的是这次梦绒公司的员工可以使用全新的 ERP 系统来迎接今年的"销售仗"。今年的销售旺季的第一笔订单仍然是公司的老客户江南公司，打算购买 2 000 件羊绒衫当作公司年末福利在元旦前后发放给员工。

由于这是引入 ERP 系统后梦绒公司接到的第一单，因此全公司上下都很重视。除了正常的销售生产外，王总对引入系统后的财务管理更是格外重视。他把刘部长叫到办公室，拍拍他的肩膀，语重心长地说："这是我们系统上线的第一单，这笔订单的所有财务核算也都要在 ERP 系统中进行，要好好利用财务管理的各个子系统模块！"

刘部长听完王总的话后，心里明白这笔订单的意义非凡，随即就回到财务部召集大伙开会分配具体的任务。刘部长在会上说道："引入 ERP 系统后，我们的财务核算不能再像以前一样等到订单完成才清算成本，这是不合理的，这次江南公司的订单，我们第一个目标就是要实时核算成本。小孙，你作为成本会计，这件事由你全权负责。"

江南公司这笔订单发生的第一笔业务就是对山羊绒的采购，在采购的山羊绒到货后，仓库的管理员小赵，按照上级的指示以及小孙的叮嘱，在入库管理子系统中将山羊绒的单价、数量和其他相关信息都输入了进去。此刻小孙也没有闲着，他调用采购部的采购信息，并依据数量以及单价实时地将山羊绒采购的成本进行核算，并上报给王总和刘部长。同时，小孙还通过工资管理以及固定资产管理模块大概预估出了完成本次订单需要耗费的人工成本以及机器费用，并形成详细的成本报告上交给王总。

王总看到了这份成本核算文件后，由衷地感到能够进行实时的成本核算对于梦绒公司来说是一个质的飞跃。他认定引入 ERP 系统是一个非常正确的决定！

（二）实现自动分录抛转

实时地进行成本管理已经大大改善了梦绒公司财务工作的效率和能力，那么自动分录模块的加入能否达到锦上添花的效果呢？

在完成江南公司这笔订单期间，当山羊绒的采购完成入库后，会计小张根据山羊绒采购进货单在自动分录模块中将其设置分录性质，然后 ERP 系统自动生成了分录底稿，并根据抛转规则生成了会计凭证。

当看到第一张 ERP 系统自动生成的会计凭证后，小张开心地跳了起来，并不禁感慨道："以后就可以根据采购进货业务对应的会计凭证进行确认和记账，这样就可以完美解决采购业务账和总账不符的问题啦！"刘部长听到会计小张的话非常开心，心里想着，这周工作汇报时，一定要把这个喜讯和王总他们分享。

（三）真正实现财务管理

在公司全体人员的努力下，梦绒公司用新上线的 ERP 系统完美地打好了今年"销售仗"的第一回合。

ERP 系统利用集成优势，把梦绒公司的经营活动密切地联系起来，使每笔订单的每笔业务在系统中都能实时地记录和反映，使公司的财务工作发生了天翻地覆的变化。ERP 系统的引进让梦绒公司可以轻松高效地应对今年的销售旺季。

ERP 系统中的财务管理系统连接着企业其他业务模块，使财务信息与业务信息能够有效整合。财务管理系统还可以使内部的不同功能模块进行连接，如图 1 所示。

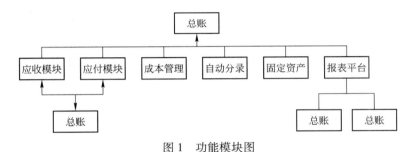

图 1　功能模块图

在出色地完成江南公司的订单后，梦绒公司又大大小地接受了 10 多笔订单业务，转眼间 2013 年已经步入尾声，这一年对于梦绒公司来说注定是不同凡响的一年。

1. 核心：应收/应付管理

应收/应付账款的管理是财务管理中很重要的部分。引入 ERP 系统后，应收/应付管理方面的变动，会计小张可以说是感触最深的。在 2013 年的总结大会上，他说道："我们公司的应收账款模块主要用于销售产品的环节。销售系统中的产品单价、数量等信息都会在每月固定的 25 号通过接口传送至应收账款模块进行账务处理。我们线下审核合同无误后通过应收账款抛转将信息传到总账管理模块进行凭证的审核和记账。应付账款模块主要用于原材料的采购业务以及公司的一些日常支出，我们部门审核付款后，月底还会再次复核，无误后抛转到总账模块进行记账。在销售旺季的时候，许多公司的客户都向我们询问对账单，有了 ERP 系统我们都可以随时进行查询。"

财务部的刘部长点点头，说道："是啊，引入 ERP 系统后，应收账款模块能够为公司提供每一笔应收款项的发生、收款、欠款、坏账等全方位的管理，并可以积极地响应客户的对账需求，减少处理应收账款的时间。不仅如此，根据应收账款模块提供的信息，公司可以及时进行到期账款的催收，避免发生坏账。应付账款部分与采购管理模块、库存管理模块相联系，并使用其他管理模块中的数据，减少处理应付款的时间。应付模块改进了现金收支管理，从而提高了公司的商业信用。这样会有更多的客户被我们吸引，提高公司的影响力指日可待。"

2. 统帅：总账管理

财务部的刘部长是推进这次改革的"领袖人物"，在听完应收/应付管理的变化后，他提起了总账管理模块，说道："自从引入 ERP 系统后，我们公司财务部的人员都能够更加高效和准确地完成任务了。ERP 系统中的总账模块会在期末汇总各个业务模块的信息，生成正式的记账凭证。我们公司的财务人员通过总账管理的记录，复核并处理会计信息。今年的年末结账我们比以往效率高得可真不是一星半点呀！"

ERP 系统中的总账模块具有比传统总账管理更多的功能。财务部的人员都欣喜地感受到 ERP 总账管理模块的高效准确。会上，财务人员小马兴奋地说道："自从引入 ERP 系统后，我们公司采购人员在采购系统中的每一步操作都会生成相应的会计分录，通过在途物资等中转科目以会计分录的形式记录原材料等物品的采购以及出入库的全过程。月底的时候，这些分录会生成一笔汇总会计分录并传入到总账管理模块中。销售业务也是如此，ERP 系统会根据产品的库存成本生成结转销售成本的会计分录并传至总账。"

财务部的刘部长点点头，补充道："有了 ERP 系统后，我们公司的固定资产管理也更加规范便捷。固定资产管理模块在每月都会向总账模块传递固定资产的增减以及计提折旧等信息，我们的财务人员只需要做好单据的审核工作，审核无误系统会自动生成记账凭证。工资管理也是如此，在人力系统核算完成后，将数据传入到总账模块生成记账凭证。"

3. 新芽：报表平台

在听完财务部的发言后，公司的副总李经理表示了赞同并进一步补充道："自从公司引入 ERP 系统之后，我们财务方面最大的变化还有一点不得不提，就是我们的报表平台。通过这个新建立的平台，使公司的财务报表更加清晰明了，而且可以实时地对财务报表进行分析查询。我们管理层可以进一步地考核生产经营计划是否完成，并通过分析财务报表评价企业财务状况水平，以便于管理层对公司的发展做出决策和规划。可能很多同事对报表平台的具体内容还不了解，我们还是请刘部长帮我们介绍一下吧。"

刘部长非常兴奋地站起来，和大家说："报表平台作为新增的功能，在方方面面都能给咱们公司带来便捷。我们公司的报表平台包含了公司所需的各类明细账以及常规的财务报表，如资产负债表、利润表等。我们的财务人员可以随时通过报表平台查询财务数据，完成自身的财务管理工作。"

4. 转变：管理会计职能

李经理紧接着说道："不仅新增的报表平台让人惊喜，我们公司的财务部正在从财务会计职能一点点向着管理会计职能转变。大家看，ERP 系统中物料清单表的建立、统一物流编号的使用，这些都让我们公司的财务管理有了完整的信息查询平台，让公司决策者通过系统实时反映的数据及时发现企业管理中存在的问题，并进行解决。"

王总非常满意，总结说："我们公司自从引入 ERP 系统，财务人员的工作再也不仅仅局限在记账、算账、对账，而是可以做到事前规划、事中控制、事后分析了。最重要的是，ERP 系统将我们公司的供应链、生产链、销售链和财务核算有机结合在一起，将财务管理的内涵扩大到企业的各个领域，通过采购、销售、生产、库存与财务集成，实时反映了企业的经营状况，实现了财务管理与公司的全面管理。"

听了王总和李经理、刘部长的发言后，公司的员工深切地感受到 ERP 系统的高效性和集成性，大家对公司未来的发展都更有信心了。

王总的父母在总结会结束后拍拍他的肩膀，由衷地竖起了大拇指，他们为儿子而骄傲。此时，王总心里的大石头终于落下，紧皱的眉头终于舒展，他开心得像三岁的孩子，紧紧地抱住了他的父母。

王总明白，日后的路还很长，但此次转型引入 ERP 系统必将是梦绒公司信息化发展的里程碑。他感慨自己的幸运，生在信息技术高速发展的时代，他感谢公司管理层以及员工的积极努力，让一家小小的家庭式作坊变为如今的羊绒生产巨头。尽管前路漫漫，但王总信心满满。

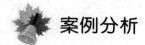 **案例分析**

1. 学习目标

本案例描述了梦绒公司财务管理的转型过程，通过 ERP 系统的引入解决了财务系统"信息孤岛"的问题，实现了财务业务一体化的目标。通过对本案例的学习和分析，认识 ERP 系统与财务管理的关系，充分理解 ERP 系统的管理思想以及 ERP 系统在企业中的重要作用，提高分析问题和解决问题的能力。

2. 启发思考题

（1）梦绒公司为什么要引入财务系统？引入后又有什么新的困惑？
（2）何为"信息孤岛"，如何解决该现象？
（3）梦绒公司引入 ERP 系统的原因是什么？引入 ERP 系统后给梦绒公司带来了哪些改变？

3. 分析思路

本案例以梦绒公司财务管理方面的发展转型为主线，描述了在信息化背景下，传统羊绒衫制造厂财务方面面临的手工记账弊端、信息孤岛现象等种种困惑和难题，最终梦绒公司通过引入 ERP 系统，解决了公司财务方面的困惑，实现了财务与业务的一体化发展。

案例分析思路与步骤如图 1 所示。

4. 理论依据与分析

梦绒公司为什么要引入财务系统？引入后又有什么新的困惑？

【理论依据】

财务系统是根据财务目标设立组织机构、岗位，配置管理权责和人员，对经营活动、财务活动进行反映、监督、控制、协调的运作体系。财务系统一般具有多币种的处理能力，可由用户定义记账本位币，并可以用任何币种为单位进行统计分析。财务系统为用户提供符合我国财务制度的多种格式的凭证和账簿，包括：收款凭证、付款凭证、转账凭证、数量凭证、外币凭证、现金日记账、数量账、往来账、多栏账、总账、明细账等。财务系统具有功能丰富，灵活性高，通用性强，操作简便，严密可靠的特点。它是财务管理的一个核心部分，为企业的库存、采购、销售、生产等提供指导，为企业管理者的决策提供及时、准确的财务信息。

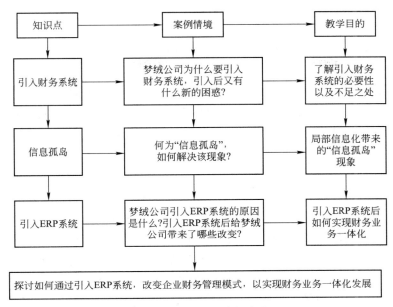

图1 案例分析思路与步骤

财务系统的基本特点包括：用户自定义会计核算期（包括非日历月）；支持跨核算期的财务处理，可同时处理两个核算期的账目；用户自定义科目级别（最多 12 级）及各级科目代码位长；用户自定义科目代码；支持随时科目细分；用户自定义自动转账凭证，实现期末自动转账，并可控制结转次序；自动控制数据平衡关系，保证数据完整性一致性，可打印试算平衡表；期末可自动结转汇兑损益，支持数量核算、往来核算、部门核算；灵活的多栏账设置功能；支持年终调账处理；往来账管理、往来账调整；多角度、多层次、多条件立体查账，方便快捷；支持债权债务管理；跨科目级别查询明细账；提供总账、日记账、明细账、数量账、余额表、日报表等多种账表；模拟入账功能可查询模拟余额，掌握企业业务最新动态；自动勾对，按条件勾对，任意勾对；一对一、一对多、多对多勾对，取消勾对；提供财务历史数据查询，多角度财务数据分析；可独立使用，也可与其他系统集成，信息共享。

【问题分析】

通过案例可以看出传统的手工记账模式存在记账程序烦琐、工作量大、效率低下以及容易出现人工操作失误等弊端。因此，传统的手工记账模式已越来越不适应会计环境的变化和公司高速发展。因此，公司应该引入财务系统以实现财务信息的实时和自动采集、处理。财务系统的引入提高了公司财务管理工作的效率，使财务处理的差错率和财务会计的不规范性降低。但是，梦绒公司引进的办公系统，互相之间不能信息共享，业务不能顺畅执行和有效控制。公司引入的财务系统是单一的、割裂的，与生产管理、销售管理、库存管理等系统都建立不起真正的联系，这就造成了信息共享程度低，无法在业务发生时对财务信息实时采集的现象。

何为"信息孤岛"？如何解决"信息孤岛"现象？

【理论依据】

信息孤岛是指相互之间在功能上不关联互助、信息不共享互换以及信息与业务流程相互脱节的计算机应用系统。产生信息孤岛的必要性条件为：（1）公司只是实施了局部信息化应用，有了一个个相对独立的"信息岛"，产生了所谓的"孤岛"。（2）"信息岛"之间出现了不能满足信息共享或信息沟通需求的现象。

【问题分析】

在梦绒公司中，财务系统是单一的、割裂的，与生产管理、销售管理、库存管理等系统都建立不起真正的联系。所以，"信息孤岛"现象在公司中普遍存在。由于财务系统与各个业务系统缺乏集成，这就造成了信息共享程度低、无法在业务发生时对财务信息实时采集的现象。因此，梦绒公司要想真正地实现转型，就要对现存的信息孤岛采用集成的方式，对个别无法集成的旧系统采用替换升级的方式以实现信息共享。

梦绒公司引入 ERP 系统的原因是什么？引入 ERP 系统后给梦绒公司带来了哪些改变？

【理论依据】

财务管理是对会计工作、活动的统称，现代会计学把企业会计分为财务会计和管理会计。主要为企业外部提供财务信息的会计事务称为财务会计，而主要为企业内部各级管理人员提供财务信息的会计事务称为管理会计。

ERP 系统中的财务管理涉及的会计事务既有财务会计又有管理会计。例如，ERP 系统中的总账处理、应收账款管理、应付账款管理和固定资产管理等都属于财务会计的内容，而 ERP 系统中的成本管理则采用了管理会计的方式。

ERP 系统通过集成采购管理、原材料管理、产成品管理、销售管理和固定资产管理等所有与企业相关的财务活动，使企业经营管理信息实现了高度集成共享，因而它比单一的财务系统具有集成度高、信息处理及时等优点。

总账管理模块是财务会计管理的核心，应收账、应付账、固定资产核算、现金管理、工资核算等模块都是以总账模块为核心来传递信息的。同时，与传统的总账管理相比，为适应企业集团会计核算的需求，ERP 系统中的总账管理还提供了合并报表的功能。

应收/应付模块功能除了传统应收/应付管理的基本功能外，还包括与互联网信息的一体化处理，文件管理，自动完成现金管理，运用顾客和销售商的信息进行汇总报告等功能。此外，应收/应付模块还为企业提供了存款管理与工作流程管理一体化等功能。

成本管理是指对成本进行预测、计划、控制、核算、分析、考核和采取降低成本措施等管理工作的总称。它是涉及企业各部门的一项综合性管理工作，是企业管理的重要组成部分。加强成本管理，对于促进企业技术和经济的结合，深化经济核算，挖掘降低成本的潜力，增进经济效益具有重要意义。

【问题分析】

（1）引入 ERP 系统的原因。

随着信息技术的迅速发展，尤其是 ERP 系统的推广，传统的财务管理模式已经变得越来越不适合公司的高速发展。ERP 系统中的财务管理模块与传统的财务系统不同，它并不只是单纯的实现手工流程的计算机化，也不仅仅局限于掌握企业的资金余额、债权债务等基本财务信息。财务管理模块作为 ERP 系统中的核心部分，使财务管理与生产经营各个部分建立起联系，实现了信息化和集成化，它通过整合和共享其他经营环节的所有信息来实现管理水平的一体化与整体提升。

（2）引入 ERP 系统后的变化。

第一，成本管理方面。梦绒公司引入 ERP 系统后使公司的成本管理发生了根本性的变化，所有的生产经营环节都与财务管理模块建立起紧密的关联，实现实时的成本管理。这样，财务人员能够在业务发生的同时，精确地对各个环节成本情况进行差异性分析，这有利于公司高管有针对性地对成本要素进行控制。

第二，自动分录系统。梦绒公司引入 ERP 系统后，新增的自动分录子系统作为业务与财务总账的桥梁，提供了利用各业务原始单据自动生成总账会计凭证的功能，可使建立会计凭证的工作大量简化，并避免了业务账与总账不符的弊端和错误，进一步强化了业务系统与财务系统的集成化。

第三，应收/应付模块。梦绒公司引入 ERP 系统后，应收账款模块主要用来进行应收款的核算和客户往来账的管理。对于比较复杂的销售业务，需要跟踪其每一笔业务的收款情况，并核算到产品一级。应收款是根据发票来处理客户付款的，它可以更改存款账户余额，处理退款和借贷款，区别逾期结算和催促付款。应付账款部分与采购管理模块、库存管理模块集成，从采购管理模块和库存管理模块中取得数据，减少处理应付款的时间，改进现金支付的控制。

第四，总账模块。梦绒公司引入 ERP 系统后，总账系统支撑和统领着其他各个财务子系统。总账系统可以与其他子系统和业务系统实现真正的无缝衔接，通过自动分录抛转，实现数据高度共享。其他系统中与会计处理相关的数据通过自动分录子系统最终都要归集到总账系统中。

第五，报表平台。梦绒公司引入 ERP 系统后，新增了报表平台，使公司的财务信息更加可视化。这不仅有利于财务人员对财务信息进行实时查询和管理，更主要的是通过财务报表平台，可以使公司管理层清晰地看到报表，通过报表的分析给公司经营决策提供依据。

ERP 系统的实施扩充了财务管理的内涵，使梦绒公司的财务性工作从传统的财务核算逐渐地向财务分析、预测职能转变。传统的财务管理只局限于财务领域，而如今引入 ERP

系统后，财务管理已经涉及公司的方方面面，财务业务一体化局面已经形成。不仅如此，管理会计中的事后控制职能还转变为事前规划、事中控制、事后分析的全过程，这利于公司管理层根据财务信息对经营决策进行评估和控制，并制订公司发展的新方案。

5. 关键要点

1）关键点

本案例以梦绒公司财务管理转型为主线，描述了在信息化背景下，传统羊绒衫制造厂财务方面面临的手工记账弊端、信息孤岛现象等种种困惑和难题，最终梦绒公司通过引入ERP 系统，解决了公司财务方面的困惑，实现了财务与业务的一体化发展。

2）关键知识点

财务业务一体化；信息孤岛；成本管理；抛转

3）能力点

快速学习能力、批判性思维能力、整体和部分相结合的思考能力。

参 考 文 献

［1］李晨斌．信息化背景下企业财务管理职能提升的相关研究［J］．中国商论，2017（33）：129-130.

［2］刘高鹏．基于 ERP 系统的企业财务业务一体化会计处理流程浅析［J］．对外经贸，2017（8）：147-149.

［3］王惠．ERP 财务业务一体化实施策略研究［J］．财经界（学术版），2016（4）：207.

［4］张恩嘉．ERP 在我国企业财务管理中的应用［J］．中国市场，2017（7）：218-219.

冰啤：重塑百年企业新辉煌

摘要：本案例描述了作为中国啤酒行业龙头的冰岛啤酒股份有限公司（以下简称冰啤），为了解决信息孤岛的问题，开启了一次 ERP 系统实施之路。在 ERP 系统实施前期，冰啤成立了筹备小组，对员工进行 ERP 系统操作培训，通过可行性分析和需求分析，为 ERP 系统的选型和后续的实施提供了坚实的基础。在 ERP 系统实施过程中，虽然出现了许多困难，但是通过成立三级项目组织和调研以及数据的准备，使 ERP 系统的原型测试、模拟运行和正式运行都得以顺利进行。在 ERP 系统实施后，通过公司的一次聚会抛砖引玉地指出了 ERP 系统实施不仅仅是上线运行，而是需要重视在 ERP 系统运行之后带给企业的改变。

关键词：ERP 系统实施；需求分析；软件选型

 引言

2000 年之后，冰岛啤酒股份有限公司借着改革开放的春风，开始了快速发展和扩张，短短几年的时间收购、兼并了几十家啤酒厂。但是，伴随着冰啤的快速发展，原来在规模不大时一些可以通过人为努力克服的问题逐渐浮出水面，尤其是信息孤岛问题。

公司高层越来越明显地感觉到这些问题将会成为影响公司发展的绊脚石。公司内实施 ERP 系统的想法也正是在这样的情况下逐渐成熟的。在 2008 年的夏天，冰啤召开了公司董事会会议。在会议上，总经理刘怀山向董事会汇报了引入 ERP 系统的方案，并获得了批准。

一、企业介绍

冰啤前身为国营冰岛啤酒厂，始建于 1928 年，是我国历史最悠久的啤酒生产企业之一。著名的冰岛啤酒博物馆是由 1928 年的老厂房改建而成的。

近百年来，冰啤历尽沧桑，相继经历了德国人、日本人和国民党政府官僚资本的管理统治，1949年终于回归到人民手中。当初的冰啤专供本地市场，是一家年产量不到2 000吨的小酒厂；通过职工不懈地努力，到2012年年底，冰啤在全国20个省市地区拥有59家啤酒生产厂。2012年冰啤销量达790万升，同比增长10.48%；公司全年实现营业收入257.82亿元，同比增长11.33%；上市公司股东的净利润17.59亿元，同比增长1.20%。冰啤是中国啤酒行业品牌溢价能力、盈利能力最强的公司。如今，冰啤是享誉世界的品牌，几乎囊括所有国内啤酒评比大赛金奖，多次荣获国际啤酒评比冠军，产品出口到70多个国家和地区，是一家产销量、出口创汇、品牌价值、市场占有率等均居国内同行首位的国际化大公司。冰啤以"成为拥有全球影响力的国际化大品牌"为愿景，不断创新，以"用我们的激情，酿造全球消费者喜爱的啤酒，为生活创造快乐！"为使命。

公司的发展离不开公司的两位传奇人物，一位是总经理刘怀山，另一位是副总经理慕建明。公司在他们带领下，从一个不知名的啤酒厂发展成为国际知名的大公司，同时也涌现出了许多优秀的管理者。例如，公司生产部的经理李中鸣是一位雷厉风行、理科思维的质量专家。财务部的经理李东旭是一位头脑冷静、对于数字高度敏感的财务官。人事部经理徐海青是一位正直、谦虚，具有很高管理水平的管理者。

二、众人同心，其利断金

为了准确传达公司实施ERP系统的战略规划，公司高层会议在821会议室紧急召开，所有人都在猜测公司可能出现的大事。伴着大家疑惑的眼神，刘怀山走进了会议室，缓缓坐下，面带微笑地说："各位，紧急把大家召集起来，实在抱歉啊。""别再卖关子了，老刘。到底有什么大事要通知？"生产部的经理李中鸣着急地问道。李中鸣是个急性子，公司出名的雷厉风行人物。看着李中鸣着急的样子，刘怀山忽然脸色一变，问道："李中鸣，作为生产部的一把手，如果现在我跟你订10万箱啤酒，你多久能交货？"李中鸣一愣，不清楚刘怀山此问的意图，并没做答。

刘怀山注意到李中鸣并不知道自己这句话背后的意思，就补充道："顾客给出订单，你都不能及时承诺交货期。在这个竞争日益激烈的环境下，怎么能做到以客户为中心？"他停顿了一下，接着微笑地说："如果我给你一个系统，让你实时知道自己的库存、生产能力和交货期等，你是否会选择使用？"李中鸣点点头，表示他会使用。刘怀山接着说："21世纪是一个信息化时代，谁能掌握信息，谁才能占领行业的制高点。所以董事会计划实施ERP系统，重塑企业的辉煌。"李中鸣首先表示支持，接着李东旭也同意，公司的两大主要部门的负责人都同意了，其他人也随即表示同意。在这些公司高层的积极响应下，公司上下对实施 ERP 系统有着很高的期待。

ERP 系统实施的前期，必须先要让领导层认识到它对公司是有帮助的，以获得他们的认可，并且在他们的带领下，公司上下要对 ERP 系统的实施有一致的认识，达到众人同心，其利断金的效果，这对于 ERP 系统的顺利实施将有非常大的帮助。

三、不打无准备之战

获得公司高层以及员工的支持之后，接下来就需要为实施 ERP 系统进行相应的准备工作。预则立，不预则废，因此，准备过程必须充分和详尽。

（一）筹备小组

会议结束后，刘怀山示意慕建明留下。等众人离去后，刘怀山亲自给慕建明倒了一杯水，放下水杯的时候，问道："刚才会上基本每个人都表达了自己的意见，可是你作为公司的副总经理，却一句话都没说啊，老伙计。"刘怀山说完，耐心等待慕建明的回答。"ERP 系统确实可以解决公司存在的一些问题，但是实施它并不简单啊，在中国实施的成功率不高于 30%。"慕建明终于开腔了。

"因为实施的那个人不是你，要是换成你来实施，我坚信成功率可以翻一番。据我所知，你最近也一直在研究 ERP 系统。"刘怀山的语气中流露出很大的期待，"我希望由你牵头成立 ERP 项目筹备小组。"慕建明冷静地回答道："我做可以，但是我要抽调一些业务部门的人员到这个小组。"刘怀山欣喜地回答道："可以，没问题，你确定好人员我随后就可以签署命令。""企业各部门的经理都必须一个不少地加入进来，信息部门全部纳入，还有各个业务部门的骨干员工。企业各级人员必须对 ERP 系统有充分的了解，高层管理人员的参与程度、中级管理人员的积极性以及企业员工的态度，是实施 ERP 系统获得成功的关键因素，因此这些人必不可少。最主要的是，我还需要请专业咨询公司的人员来参与，他们能够从更专业的角度帮助我们开展各项工作。"刘怀山看了看手表，还有一个会议在等着他，知道该结束谈话了。"这些都没问题，放手去干，或许这是咱兄弟俩干的最后一件辉煌的大事了。"

跟刘怀山谈完话后，慕建明立即着手项目筹备小组的成立。虽然各个部门对于抽调骨干员工有些意见，但是面对慕建明的威望和刘怀山的命令，都无奈地签字放人。

（二）ERP 系统知识培训

在成立项目筹备小组之后，慕建明马上联系了几家专业的咨询公司进行接洽，商量 ERP 系统实施的具体事项。几天下来，慕建明有点烦了，每个咨询公司不提公司的具体问题，只说哪款软件适合冰啤。

坐在办公室宽大舒适的椅子上，他自言自语道："要是单独有一套软件就能解决一切，中国就不会有那么高的 ERP 系统实施失败率了。"就在这时，电话响了，一看是咨询公司的，慕建明就没去接听。电话的留言传出来了："我是邦信咨询公司 ERP 系统实施总监卢伟，之前您给我们发过邀请函，我今天想跟您约个时间，带着我们公司 ERP 系统专家去贵公司讲解一些 ERP 系统的相关知识，使贵公司对 ERP 系统有一个更加全面的认识。您什么时间方便？"慕建明心中暗自惊喜，终于迎来了一个靠谱的合作方，马上让秘书前去商定见面时间。

在一个阳光明媚的下午，卢伟带着自己公司的 ERP 系统专家给慕建明和筹备小组上了一节精彩绝伦的课程，使大家对 ERP 系统有了一个基本的认识。大家认识到，ERP 系统的实施不是简单的软件安装，它还涉及前期的可行性分析、需求分析和软件选型的注意事项等。在几次课程培训之后，慕总就跟邦信咨询公司签订了合作意向书。

（三）可行性分析与立项

培训一段时间之后，慕建明召集项目筹备小组开会。在会上他问道："培训也有一段时间了，谁能告诉我，咱们下一步该做什么？"项目筹备小组成员异口同声地回答道："可行性分析与立项。"慕建明微笑地看向卢伟说道："培训的效果不错嘛。"卢伟微微一笑没有作答。

"接下来就是考验大家学习成果的时刻。项目筹备小组分为两组，企管部的王总和策划部的马总分别带一组，每个小组分别出一份可行性分析报告。"慕建明边说边无奈地看向大家，表示自己也不想这样。"最后我和卢总当评委，选出好的那一份递交给刘总，让刘总审阅。"他又正经地补充，"ERP 系统能否顺利实施，靠各位的努力了，拜托。"

两组在一段忙碌且充实的调研之后，可行性分析报告就出炉了。两组的可行性分析报告都很好，马总那组可行性分析报告中的风险分析更加专业和全面。因此在慕建明和卢伟的再三斟酌之下，决定采用马总那组的报告。可行性分析报告上交之后，很快就得到了刘总的批准，正式对项目进行立项，并对项目进行预算。

（四）需求分析和测试数据准备

在立项之后，显然项目筹备小组要对企业进行需求分析。一切都显得那么顺理成章，没有纰漏。项目筹备小组也在等着慕建明一声令下，投入下一步的工作。

"现在专家的人手不够，不能着急进行需求分析。"卢伟在慕建明办公室，毫无避讳地直接提出了自己的想法，"需求分析比起可行性分析，具有很强的专业性。项目筹备小组虽然受过一些 ERP 系统的培训，但是要他们去做需求分析还差点火候。""那你的意思是暂停项目的进度？"慕建明对于卢伟提出的想法，有点不太高兴。卢伟感觉到了慕建明的情绪波动，马上解释道："不是，我正在与公司协商，从另一个项目中紧急抽调一些人过来。我们必须严谨对待需求分析这个过程，因为需求分析的好坏关系到以后的 ERP 系统选型结果。""行，等你人到位。你先忙吧，我还有事。"慕建明不高兴地送客。

"我不会耽误项目的进度，我们现在可以做一些数据准备的工作。从各主要业务数据中抽取一些典型数据，作为以后 ERP 系统选型的测试数据。"卢伟边起身边对这次事件进行补救。

（五）软件选型

经过之前的不断磨合，卢伟以自己的专业素养和出色的人品，获得了项目筹备小组的一致好评，更是获得了慕建明的信任。在软件选型的时候，慕建明甚至暗示卢伟可以选择跟他关系好的 ERP 软件供应商，但是卢伟坚决拒绝了。因此，慕建明将冰啤要上 ERP 系统的招标消息发出。消息发出没多久，国内外的 ERP 软件商络绎不绝地登门拜访，其中不乏一些国外的一线厂商和国内知名品牌。在众多的选择面前，之前的所有准备工作显示了巨大的作用。

首先，冰啤的发展目标是要建设成为一家国际化大公司，在业务运营、财务管理、市场拓展等方面都要与国际接轨。因此，国内的众多 ERP 软件商首先被排除了。

在国外厂商的一番较量之后，Oracle 公司和另外一家国外厂商进入了"总决赛"。但是，由于冰啤的需求是进一步深化、完善信息化建设规划，需要一套功能强大、技术先进、设置灵活的管理信息系统。因此，在综合考虑之下选择了 Oracle 公司。Oracle 公司的 ERP 系统不仅提供了集成、完整、可扩展的管理平台和解决方案，使冰啤能够在未来不断发展壮大的过程中及时扩展系统的应用范围，为冰啤的未来发展提供了保障。同时该系统包含全球化企业运营的管理思想和方法，满足了集团化、国际化管理的战略需求。

四、持久的实施大战

忙碌的前期工作终于结束，并且取得了不错的成就。俗话说得好，"良好的开端是成功的一半"，接下来就需要完成另一半了。

（一）成立三级项目组织

"项目前期准备工作，在各位同事的努力下，取得了圆满成功。接下来，可以准备具体的实施工作了，请领导指示。"前期准备工作结束之后，慕建明给刘怀山进行了一个简单汇报。刘怀山看着一本正经的慕建明，开玩笑地说道："老慕，装得真像，还跟我拽词。真是猪鼻子插葱装象啊。说吧，找我什么事。"

"实施阶段需要成立三级项目组织，需要你签字。"慕建明微笑地说道，同时解释了什么是三级项目组织，"三级项目组织分为项目领导小组、项目实施小组和项目应用小组。项目领导小组，基本囊括了公司副厂级领导；项目实施小组，选择了主要业务部门的主管、业务骨干、计算机系统维护人员等；项目应用小组是由各个部门的主要业务操作人员组成的。"刘怀山关切地问道："项目实施小组的组长是谁？""人事部经理徐海青。此人非常熟悉我们公司的管理情况，在我们公司有一定的权威。同时，还具有较强的组织能力和项目管理能力。最主要的是，他对 ERP 系统有比较深刻的认识。"慕建明略显满意地回答道。"此人可以。"刘怀山思索了一下，回复道，"另外，一定要借鉴项目实施前期的经验，积极听取咨询公司的意见。尤其是项目实施小组，一定要常驻专家。几个小组的人员要适当交叉，使信息保持畅通。"

刘总批准，三天之后，冰啤召开 ERP 系统实施动员大会，标志着 ERP 系统的实施工作开始落地。同时，项目实施小组在咨询公司的帮助下，制订了项目实施总体计划，具体内容见表 1。

表 1　项目实施总体计划

序号	项目实施内容	时间跨度			说明
		3 月	…	11 月	
1	成立三级项目组织				历时 3 天，成立三级项目组织，召开项目实施动员大会
2	制订实施计划				历时 1 周，经过各项目小组讨论制订总体计划
3	调研与咨询				历时 3 周，形成确定的报告

序号	项目实施内容	时间跨度			说明
		3 月	…	11 月	
4	系统安装				历时 1 个月，完成 ERP 系统硬件、软件的安装
5	培训				历时 1 个月，分部门、分阶段交叉进行
6	数据准备				历时 1 周，分阶段、同步进行
7	业务改革				历时 5 个月
8	原型测试				历时 15 天，分模块、分业务同步进行
9	用户化				根据需求提出
10	模拟运行				历时 1 周，并根据需求确定
11	建立工作点				历时 3 天，分阶段、分业务建立，制订工作准则
12	并行				历时 3 个月
13	正式运行				
14	总结工作				

（二）调研与数据

刘怀山看到项目实施总体计划，只批注了四个字——加快进程。慕建明看到之后，紧急叫来卢伟和徐海青商量对策。他们来之后，慕建明直截了当地问道："你们有什么办法可以加速咱们项目的实施进程？"

"接下来，咱们需要做的是调研与咨询的工作。这项工作可以与 ERP 系统的硬件安装一起进行，员工培训工作也可以同时启动。"徐海青思索了一下，回答道。卢伟赞赏地看着徐海青，笑着说道："没想到，这才几天的学习，对实施业务的理解程度就能达到这个程度。你可以跟着我们做咨询了。""还是老师教得好。分部门、分阶段的培训工作还需要继续仰仗老师。"徐海青笑着说道，然而马上就略显忧虑，"但是我现在最担心的是数据准备工作，在 ERP 行业不是流行'三分技术、七分管理、十二分数据'这句话嘛。"卢伟摇摇头，说："数据对于 ERP 系统是否能够实施成功确实非常重要，但是还不至于让项目实施小组的组长这么担忧。再说，我已经有了一个不错的方案。"

看着慕建明与徐海青期待的眼神，卢伟故意清了清嗓子说道："冰啤可以从基础数据的标准化工作入手，统一数万种物料的编码、品名、计量单位和基本属性及分类，统一会计科目编码、固定资产分类编码、客户和供应商编码，规范并形成公司的整体编码规则。"他顿了顿，接着补充道："为了避免出现重码或者标准不统一给整个系统留下隐患，冰啤的编码工作直接由集团信息管理部集中来执行，并且由专门的人进行负责。"

慕建明肯定地点点头，说道："接下来的工作，可以分阶段地进行，同时也可以同步处理。主要看你这个领导的项目管理能力，总的宗旨是高效、有序地完成 ERP 系统的实施工作。"

（三）原型测试与开发

数据准备工作进行的同时，系统软件安装的工作也如火如荼地进行着。软件安装一结束，马上就进行资料录入工作和原型测试工作。但是，在录入过程中却出现了一些问题。

某一天的中午，项目应用小组的李主管着急地来到徐海青的办公室："徐经理，录入的数据不是无法处理，就是根本无法录入。是不是数据出现问题了？""数据这边我是一直在监督进行啊，不应该出问题。"徐海青沉思了一会，回答道："我认为是你们的操作过程出问题了。走，咱们去现场看看。"果不其然，是员工的录入操作出了问题。因为 ERP 系统的业务数据、处理流程相关性很强，不按系统的处理逻辑执行肯定要出问题。例如，要录入物品的入库单，则必须先要录入物品代码、库存的初始数据等。

原型测试在规范操作之后，顺利结束了。可是刚结束没多久，业务部门工作人员就提出了各种各样的需求。他们计算了一下，如果都满足这种用户化和二次开发的需求，再给他们一倍的时间，也不能按期完成 ERP 系统的实施，更别想提前完成工作。所以，他们提出了"三不开发原则"。

（1）临时性和非重要的业务不开发。

（2）输出工作效益不大的工作不开发。

（3）对管理改革的成本与效益没有太大意义的工作不开发。

这么一筛选，需要用户化与二次开发的需求就减少了一大部分。

（四）模拟运行

之前的工作还没结束，为了能早日完成 ERP 系统的数据录入工作，徐海青打算直接运行系统。卢伟知道之后，马上跑到办公室，制止他说："我建议先进行模拟运行，一方面是让各项目小组熟悉一下系统，另一方面如果出现问题，咱们可以提前解决。磨刀不误砍柴工嘛。""有道理。"徐海青思考了一会，觉得卢伟说得有道理，"马上在会议室模拟运行。选择一些有代表性的产品，将各种必要的数据录入系统，带着企业日常工作中经常遇到的问题，组织各项目小组进行实战性模拟。"

在模拟运行中出现了一些开发性问题，且主要集中在二次开发的报表部分，最终，在咨询公司人员的帮助下，二次开发的报表虽然投入了很大的时间和精力来进行测试和修正，但是最终满足了使用的要求。徐海青也特别庆幸有这么负责、专业的咨询人士在旁边指点他，同时，庆幸在二次开发的时候执行了严格的开发原则。不然直接运行的话，肯定会出很多漏洞，严重影响项目的进行。

模拟运行是指 ERP 系统上线前在模拟运行环境中进行真实的交易数据录入，并检查系统结果，提前发现上线时可能出现的问题，尽可能地规避上线的风险。系统的模拟运行还可以巩固培训的结果，提高操作熟练度。

（五）正式运行

正式运行的前一天晚上，刘怀山给项目组召开了一次全体会议，做了一次公司高层吹风会，说道："ERP 系统的实施，从公司全局看，是一个大的战略转折点。抓好这次机遇，一方面，可以巩固公司快速拓展的战果；另一方面，公司可以借着信息化这条快船，达到一个更高的水平。"停顿了一会，看向徐海青，接着说道："所以这次企业信息化布局的成功与失败，不只是项目组的成功与失败，更是公司的成功与失败，你们只许成功不许失败。在 ERP 系统实施过程中，若谁不配合或者消极配合，不管他是高管还是职员，统统给我送来。"

听了刘总的话，徐海青既热血沸腾，又感到身上的担子更重了。因为他明白 ERP 系统的实施是否成功不是他个人的得失，而是关系到公司未来的战略发展。所以，他在充分吸取了模拟运行的经验和教训之后，决定稳扎稳打，采用比较稳健的并行策略。

并行了大约 3 个月，新的业务流程进行顺利，员工可以适应 ERP 系统操作要求，所以公司决定停止原手工作业方式，相关业务完全转入 ERP 系统处理。ERP 系统成功运行半年之后，带来了库存准备率、产品准时交货率和采购周期等明显的改善，但是，最重要的改变还是公司的经营机制的改革和员工素质的提高。

五、ERP 项目不是"交钥匙工程"

ERP 系统运行一个月之后，冰啤和邦信咨询公司举行隆重的庆典活动。庆典活动上，刘怀山与慕建明、徐海青、卢伟一起探讨起"ERP 成功的问题"。

徐海青微笑地说："ERP 系统正式运行的那个周末，没有大问题出现的时候，我的心才放下来。""你的意思是 ERP 系统可以正式运行的时候，就意味着 ERP 项目成功？"刘怀山笑了一下，然后就看向卢伟，问道："卢伟，你作为一个 ERP 系统方面的专家，你怎么认为的？"卢伟沉思了一会，说："ERP 系统实施的成功，应该是在对公司产生实质性的影响时。比如产品的废品率降低，采购周期下降，产品准时交货率提高等。""你对ERP 系统实施成功的理解就是给公司带来经济效益，还是很专业的。"刘怀山满意地点点头，表扬道："我觉得你们的理解都没错，但是我的理解跟你们不一样。"刘怀山喝了口酒，接着说："我认为，没有任何一个信息化建设项目是'交钥匙工程'，信息化建设不但复杂，而且要根据公司实际需求不断做出相应的调整。在项目完成交付使用后，后续还有维护、优化、提升、再培训等多方面的工作要做。公司在变化，市场也在变化，信息系统也要随着变化而发展。系统上线只能说是万里长征才走出第一步，真正困难的时刻刚刚到来而已。"

听完刘怀山的话，徐海青和卢伟茅塞顿开，对刘总独特的见解敬佩不已。慕建明笑了，还是刘怀山高瞻远瞩。ERP系统一旦上线，企业就会认为实施工作宣布结束。但是，这种思想是不全面的。因为ERP系统作为一种软件，首先需要不断更新，其次随着市场的变化，它的模块也要不断变化以适应市场的变化。

冰啤大厦就坐落在冰岛市中心广场周边。刘怀山站在办公室窗边，看着街上很多市民手提塑料袋装的散装鲜啤酒回家，露出了满意的笑容。在冰岛能有如此这般的一道风景，很重要的原因就是冰岛出产全国知名、享誉海外的冰岛啤酒。

啤酒生产是典型的流程型制造，它所包含的配方管理、产品的有效期管理、批次管理、等级管理与多重计量管理等都离不开信息化。现代化的啤酒企业没有信息化的支撑，老百姓就喝不上鲜爽的好啤酒。

 案例分析

1. 学习目标

本案例描述了冰啤为解决信息孤岛问题，在实施 ERP 系统过程中面临重重挑战，经过严密的筹备，最终实施成功，并为企业带来效益。通过对案例的学习和分析，了解 ERP 系统与企业管理间的关系，掌握 ERP 系统实施的关键决策因素和组织实施方法，理解 ERP 系统实施各阶段的工作内容及重要意义，思考 ERP 系统实施成功的标志，从而明确企业实施 ERP 系统的目的。将所学的知识融会贯通，提高分析问题和解决问题的能力，加强实践能力，提高综合素质。

2. 启发思考题

（1）简述在 ERP 系统实施过程中数据准备的重要性以及原因。

（2）结合冰啤案例，分析前期成立项目筹备小组、ERP 系统知识培训、可行性分析和需求分析等与软件选型之间的联系，以及软件选型中需要注意的原则。

（3）ERP 系统实施成功的标志是什么？

3. 分析思路

案例以冰啤为背景，以故事加工的手段对 ERP 系统的实施进行了详细的描述。从前期的准备工作，到中期具体的实施工作以及后期对于 ERP 系统实施成功的思考，以全面、多维度的视角对 ERP 系统实施进行了汇编。因此，分析时需要从前期、中期、后期展开具体分析，理解每个阶段的意义。

案例分析思路与步骤如图 1 所示。

4. 理论依据与分析

简述在 ERP 系统实施过程中数据准备的重要性以及原因。

【理论依据：准备数据工作】

数据在 ERP 系统实施过程中是非常重要的。大家最常挂在嘴边的一句话是"三分技术、七分管理、十二分数据"，以此来表达对数据的高度重视。数据问题成为 ERP 系统实施高失败率的主要原因这一不争的事实，不得不让人反思症结所在，为什么数据是一个大问题。

很多企业在没有实施信息化之前使用手工方式进行管理。手工方式管理下的数据，更多的是以部门为单位进行管理的。部门之间用单据进行业务数据的流转，部门内用台账进行数据记账，月底通过对账保持部门内和部门之间数据一致。这种沿用了几十年的管理方

式，与利用信息化进行数据管理的思想和实施手段有很大差距。

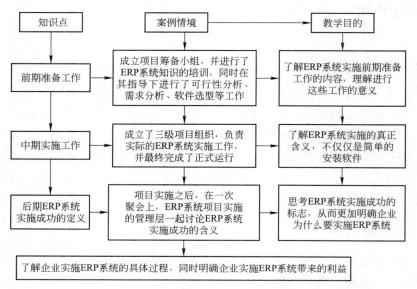

图 1　案例分析思路与步骤

　　手工数据的特点是：分散、口径不一致、冗余、不规范。这样一来，同一数据在同一时间点上，会在不同部门、以不尽相同的描述形式和内容表现出来。这显然与 ERP 系统所追求的同一数据在系统中保持唯一性、共享性的理念有很大差别。再加上由于历史的原因，企业中的很多数据要么不全，要么账实不符，企业往往要在实施 ERP 系统的同时进行清产核资工作，这无形中加重了 ERP 系统数据准备的难度。

　　【问题分析】

　　了解为什么准备数据是一个很重要的工作，此外，通过分析数据的重要性从而间接意识到 ERP 系统实施的艰辛和高失败率的原因。

　　从案例中的 ERP 系统实施过程可以看出，数据的准备工作是一个复杂且烦琐的过程，但是它是 ERP 系统实施成功的重要因素，因此必须引起项目组长的高度重视。同时，了解编制数据编码的原则包括编码对象的唯一性和实用性、编码结构的统一化和标准化等。对于制造型企业，建议成立专门的编码维护部门，根据编码原则添加新的编码。

　　基础数据是 ERP 系统运行的前提，需要在业务蓝图描述后进行基础数据的收集规范，为 ERP 系统进入试运行阶段做好数据准备。

　　结合案例，分析前期成立项目筹备小组，进行 ERP 知识培训、可行性分析和需求分析等与 ERP 软件选型之间的联系，以及选型中需要注意的原则。

　　【理论依据：ERP 软件选型】

　　首先要成立 ERP 项目筹备小组负责软件选型。项目筹备小组人员包括企业决策层成员，以及业务部门、财务部门、技术部门的相关领导。项目筹备小组的主要任务是：组织 ERP 系统基本原理知识的培训；对企业实施的 ERP 系统进行可行性研究；调查同行业企业 ERP 系统的应用状况，做好需求分析；通过管理需求分析，找到目前企业管理中存在的无效或低效的环节，明确企业的规模、生产类型以及对 ERP 系统的特殊需求，提交需求分析报告；同软件商接触，评价和推选软件；做好资金准备，在选择软件产品之前应先做好预算并得到批准，以保证选购软件的活动正常进行。

ERP 系统的软件，国外以 SAP、Oracle、Microsoft 等为代表，国内以用友、金蝶等为代表，每家公司都有成功案例和失败案例，也都有自己的优点和缺点。面对众多的软件供应商，首先要了解软件的功能是否适合本企业的需求与未来一段时间的发展。然后，软件供应商的维护和二次开发能力也要考虑，因为企业根据自身的管理特点及新增的需求，可能会有二次开发的工作，而且是长期性的。同时，ERP 系统软件的使用文档、安装手册和培训教材等必须规范与齐全。最后，供应商提供服务的方法与质量必须重点考虑。一个好的实施方法，将意味着 ERP 项目的成功迈出了很大的一步。实施的质量直接关系到 ERP 项目的成败与优劣。

ERP 软件选型原则体现在以下几个方面：

（1）符合 ERP 系统标准模式。

（2）系统的集成度要高。

（3）满足企业需要的功能。

（4）国际化的产品。

（5）开放式的系统。

（6）用户化的工具。

（7）良好的服务支持。

（8）较高的性能价格比。

（9）界面友好、操作简单等。

【问题分析】

工欲善其事，必先利其器。在选择 ERP 软件之前，企业需要进行现状分析，清晰地了解自身的业务，知道选取什么类型的 ERP 软件，明确实施 ERP 系统要解决什么问题。项目筹备小组的职责就是在前期对项目负责人进行普及教育，通过企业调研及 ERP 软件调研初步筛选软件供应商。可行性分析及需求分析既要考虑企业当前的需求，也要贴合企业未来的发展，明确企业存在的问题，分析实施的可能性。同时，考察企业的需求与 ERP 软件的功能、性能、特征是否吻合，考察 ERP 软件供应商的技术实力是否支持长期合作，考虑 ERP 软件的开发和维护费用是否超出项目预算，为选型工作提供依据。

ERP 系统实施成功的标志是什么？

【理论依据：ERP 系统实施成功】

ERP 系统实施成功最明显的标志就是与企业其他的管理系统相适应，保证系统运行的一体化，企业管理部门的工作人员必须要依托 ERP 系统提高管理工作的效率和质量。

ERP 系统实施成功的关键标志是实现绩效监控的有效化，通过数据收集的全面性和及时性，可以为企业制作绩效管理报表，通过信息管理平台，能够对数据进行实时的更新和监控，不仅可以真实地反映出企业管理上的漏洞，有计划地完善管理制度，摆正管理方向。同时也可以根据绩效监控的变化，制订符合当前发展需要的目标，设计符合企业自身特色的发展道路，促进企业的快速发展。

【问题分析】

思考 ERP 系统实施成功的标志，跳出 ERP 系统实施的方法论，站在企业的角度去思考企业的关注点。

首先，对于企业来说，ERP 系统正常运行肯定不意味着 ERP 系统实施成功。对于企业来说，实施 ERP 系统的目的在于解决一些问题，从而提高企业的效益。就如本案例中企业通过 ERP 系统解决了信息孤岛的问题。其次，企业实施 ERP 系统成功的标志除了解决问题，还必须保证与企业其他的管理系统相适应，达到系统运行的一体化，实现绩效监控的有效化。最后，在此基础上可以深度挖掘 ERP 系统信息化的优势，寻找 ERP 系统实施成功更多的标志。

5. 关键要点

1）关键点

本案例以中国啤酒行业的龙头企业冰啤为背景，描述了该企业实施 ERP 系统的具体过程，并且对于实施过程中出现的问题提供了相应的解决方案。

2）关键知识点

软件选型；一把手工程；数据准备；ERP 系统实施成功的标志

3）能力点

快速学习能力，批判性思维能力和战略思维能力。

参 考 文 献

［1］刘海霞．浅谈 ERP 在财务管理和会计核算中的应用［J］．经济技术协作信息，2009（36）：93.

［2］韩晓音．浅谈制造型企业 ERP 项目架构［J］．中国新通信，2015（15）：103-104.

［3］汤从虎．浅析 ERP 在企业财务管理中的应用［J］．现代管理科学，2007（6）：96

-97.

［4］罗革新，胡利强．全面集成的数字化企业［J］．信息技术，2014（2）：186-190.

［5］谢世诚．揭秘造纸业首个全流程 ERP 案例［J］．中国信息界（e 制造），2009（10）：38-40.

［6］刘维，雷娟，方立．重庆电力公司信息化 SG-ERP 架构建设与分析［J］．电子设计工程，2014（19）：133-136.

源车集团智能制造：蓝图背后的千头万绪

摘要：本案例描述了作为中国轨道交通制造行业顶梁柱的源车集团，积极响应《中国制造2025》，规划源车集团智能制造2025蓝图，旨在以信息技术为驱动力，以产品、装备、生产、管理、服务等智能化为目标，实现技术、管理、商业模式等层面的立体化创新。从引入ERP系统开始，源车集团陆续在设计、工艺、制造等环节使用多种信息系统，并不断进行智能制造的尝试，但传统的生产模式和管理模式难以适应技术为企业带来的深层次变革，使智能制造的步伐进展缓慢。此外，引以为豪的ERP系统也随着系统复杂度的提升，成为智能制造过程中系统集成的难点和重点。对于这些已有ERP系统的制造企业而言，智能制造究竟为其带来了哪些机遇和挑战？在不久的将来，新系统又将如何与旧系统集成？这种集成需求的背后，又需要怎样的业务优化与系统提升？传统制造企业的智能制造之路究竟该如何走下去？

关键词：智能制造；ERP系统

 引言

2015年11月，源车集团第一次信息化会议——智能制造论坛在株洲顺利召开，在会上源车集团各子公司就智能制造与韩国三星等企业深入交流，共同探讨了智能制造的未来形式，并着手规划中国高铁智能制造路线图——到2025年，要力争实现"智能化源车"的目标。近年来，伴随着互联网技术的高速发展，各行各业都在进行信息化改革，智能的概念也应运而生。一转眼，这股"智能"的春风已然吹到了制造业。源车集团作为中国轨道交通制造行业的顶梁柱也理所应当地成为智能制造的试点企业。

看着眼前的智能制造宏伟目标，源车集团TL分公司综合发展中心主管信息化的刘总工程师的思绪又回到了十年前。

从2006年起，为了实施ERP系统，公司专门成立了一个项目组，起初只有几名各部门的业务骨干，经过多次的重组和壮大，最终形成了现在的综合发展中心，现在仅主管信息化的员工已将近40人。

刘总工程师回想起公司当初实施ERP系统的经过，其中的难辛仍然历历在目，从最

开始的会计财务系统、物资系统，再到后来跨部门的企业级的 ERP 系统，公司内的信息管理工作已经有了很大的进展。现在国家提出了《中国制造 2025》，而装备制造业成为其中之重中之重，源车集团作为轨道交通制造行业的龙头制造企业，在这其中肩负着重要的使命。总公司已经把数字化、智能化管理纳入了"十三五"战略规划，但作为实施信息化的最前线，刘总工程师深感公司距离智能化还有很大的差距。最近，随着公司智能制造的工作逐渐拉开帷幕，刘总工程师跟随总公司去国外考察，还参加了一系列的工作会议，越是学习，越是深入地了解智能制造，心中的智能制造蓝图就越发清晰。刘总工程师深刻地意识到仅仅在公司内部开展信息化工作是远远不够的，还需要联合上游供应商和下游客户，进一步改善生产模式、管理模式，从而促进商业模式的转变，并不断适应系统复杂性的提升，而原本引以为豪的 ERP 系统也需要伴随智能制造的步伐实现与更多信息系统的集成。源车集团的智能制造之路究竟何去何从，刘总工程师不禁陷入了沉思。

一、企业介绍

2015 年源车集团已拥有全资及控股子公司 52 家，员工 18 万余人，是全球规模最大、品种最全、技术领先的轨道交通装备供应商。截至 2016 年，源车集团的产品出口到全球 101 个国家和地区，覆盖六大洲的 11 个市场区域。

2015 年，我国发布了近千名院士和行业专家花费两年多时间编制的《中国制造 2025》，实施制造强国战略。在《中国制造 2025》中，高端轨道交通装备被列入 10 大重点领域之一，而源车集团也着手推出打造世界一流智能化企业的"高铁智能制造 2025 蓝图"。在"十三五"期间，源车集团拟每年在信息化建设上投入其年收入的 0.5% ~ 1%，预计年信息化建设投入将高达 10 亿元以上。2015 年 7 月，源车集团的轨道交通车辆转向智能制造车间、轨道交通车辆核心部件智能制造工厂、轨道交通网络控制系统应用标准试验验证、新能源客车智能化工厂、高速动车组齿轮传动系统智能装配车间等 5 个信息化项目纳入 2015 年工信部"智能制造新模式"。

源车集团的战略目标是立足全球化、多元化、协同化，进一步发展成以轨道交通装备为核心，跨国经营、全球领先的高端装备供应商，打造成世界一流的跨国公司。在国际化过程中，源车集团需要制定全球统一的物料、客户、供应商、财务科目等基础数据标准，实现源车集团全球数据统一共享。同时通过精益管理，实现管理数字化；通过精益研发，实现研发协同化；通过精益制造，实现生产智能化；通过产品智能服务，实现服务产业化；通过电子商务，实现供应链可视化；通过国际化互联网技术，实现经营全球化。

总之，源车集团的"高铁智能制造 2025 蓝图"将通过精细级、精益级、智能级三个层级持续推进，最终实现让信息化成为驱动企业技术创新、管理创新、商业模式创新的核心要素，打造世界一流的智能化企业。

二、ERP 时代：源车集团信息化初探

（一）TL 分公司实施 ERP 系统

随着轨道交通事业的发展，高速列车作为方便快捷的交通方式进入人们的视线。早在1906 年，自带动力的动车组就已经在美国出现，到 20 世纪，中速及高速动车组已经在德国、法国、日本等国家被广泛地用于城际客运或货运，而这些国家也始终掌握着动车组的核心技术。中国虽使用动车组已久，但始终没能在研发上掌握主动权。而当时的 TL 分公司看到了国家在动车组制造上的短板，于是提出引进动车组项目以学习国外的动车装配制造技术，提升中国在轨道交通领域的核心竞争力。当时作为综合发展中心一员的刘总工程师回想起那时的情景，越发感慨动车组技术引进为企业带来的信息化改革。

当时，公司内部的信息系统很少，最初只有一套产品数据管理系统（简称 PDM），用于管理所有与产品相关的信息。"我们的这个 PDM 应该做得还是非常不错的，当时获得国家'863 计划'支持，还得过 TL 特等奖。"当时同样是综合发展中心一员的廉有利自豪地回忆起曾经的那段岁月说道："我们当时也想做 ERP 系统，不过没想做 SAP 这么大型的，但是要想引进国外的动车组装配技术，就必须有 ERP 系统。在原有基础上做 ERP 系统，是比较困难的。"于是公司为了技术引进，下大力气从西门子引入了 SAP 的 ERP 系统。

"2006 年我们实施 SAP 的 ERP 系统，这个系统当时是轨道交通行业里的第一家。公司专门成立了一个项目组，把各部门业务骨干聚到一起，大概有 40 多人。"刘总工程师回忆起当时只有 40 余人的实施团队，既无相关的知识，又无实施经验，完全依靠成员们的共同探讨、不断摸索，2006 年开始实施，建立了 BOM 的概念，把产品全过程的信息存储起来，为 ERP 系统的年底正式上线打下了基础，到 2008 年 ERP 系统才进入稳定状态。最开始只是希望能通过 ERP 系统的实施，带动动车组项目能够顺利执行，接受国外成熟的技术并逐步转化，逐渐将生产执行、采购、仓储、质量监管这一套功能在系统中建立起来，到 2008 年上述主要功能模块已经基本成形，随后又加入了人力资源管理、设备管理。

2010 年，除动车组管理外，源车集团逐渐改变普通列车研发制造的管理模式，将普通列车管理也集成到了 ERP 系统中。伴随着首批动车组交车后检修时间的到来，包括检修计划、检修结果在内的检修模块也被纳入其中，并以生产订单的方式进行管理。2011 年，又把公司的售后服务及产品运维也集成进 ERP 系统中。随后，又做了一些系统升级，到

2012 年，相当于把公司核心的业务、流程都集成进 ERP 系统中。

如今的 ERP 系统，已经全面地覆盖了公司的各个重要环节，比如设计数据、工艺数据、采购物料数据、财务的预算数据、人力资源资料、设备资料等都需要从系统中获取。换句话说，公司如果现在没有这个系统就无法运行。

（二）ERP 系统在动车组制造中的应用

ERP 系统在公司的各个模块中都发挥着至关重要的作用，刘总工程师谈及 ERP 系统在企业中所发挥的作用时，首先就以产品的研发和制造环节举例："目前，我们的信息化上层，也就是从技术的研发工艺到产能制造数据这条线是比较明确的，能够根据我们的生产模式制订生产计划及物流采购计划等，并能实现生产现场的人员调动。"

"引进 ERP 系统之后，工艺部门的职能也扩展了，BOM 的生成、工艺路线的设计等都需要在其中进行开发，然后工艺制造的数据就会保存在 ERP 系统中。"制造技术中心的曾主任补充说道。作为产品数据源头的产品研发中心主任王志海说："我们产生的数据，都要归档到 ERP 系统中。ERP 系统保存了大量的结果数据。"

单纯地引入 ERP 系统，企业中缺乏使用信息技术的驱动力，系统的作用和效果离想象的也会相距甚远。因此，从 2011 年起，TL 分公司开始推行"精益生产，集成制造，智能生产"这套新型生产管理方式，具体落实到现场是"工位制、节拍化"的制造模式，2014 年在碳钢生产线上已初见成效。

刘总工程师又进一步解释了这种制造模式具体是如何运作的："所谓工位制，就是在该工位上工作的员工将所需要的信息及时有效地进行处理并传递。比如生产计划部门工位上的员工，将制订生产计划所需的信息进行处理后生成生产订单，这个生产订单包括图纸、供应文件、质量要求、物料情况、生产时间等信息，该信息在 ERP 系统内传递给其他部门，其他部门的员工能够很方便地查询到这些信息，开展相应工作。"采用工位制还能更好地执行产品的质量追溯，产品履历、关键部件的跟踪，生产进度数据的采集，生产问题的反馈等一系列围绕着生产现场的工作都能在 ERP 系统中进行。另外，制造相关部门资料的结合也是在 ERP 系统中实现的，比如物料清单、生产技术文件、提单等都是在系统中结合的。

除此之外，公司产品的运维和检修也是在 ERP 系统中进行管理的，比如动车组的生产时间、交付时间、交付中发生的问题和进行检修的时间等在系统里都有所体现，但是针对个别部件的管理，ERP 系统还无法实现。因此，如果要扩大运维及检修的力度，还需要对现有的系统进行适当的改造。

与此同时，公司为了实现产品研发与工艺设计的协同，倡导研发设计一体化，也就是把产品研发和工艺设计的过程集成到 ERP 系统中进行管理。借助项目管理的思想把各个工程师之间的任务衔接，依靠系统串联起来，提高工作效率。制造中心的曾主任对此深有感触："起初使用的是产品数据管理（PDM）系统，当时是跟北京艾科斯特公司合作的，后来引进 ERP 系统之后，工艺职能扩展了，像 BOM、工艺路线等都在 ERP 系统中进行管理，与研发部门协同工作。"

除了产品研发和制造环节以外，ERP 系统上线以来对物流中心的影响也是巨大的。物流中心曹主任说："物流中心的信息化体系包括两个模块，其中一个就是 ERP 系统中的仓储管理（WM）模块。该模块将收货、质检、存货、配送等各个环节的物流和信息流统一起来，同时，还涉及一些额外内容，比如仓储和配送管理的应用调度分析、运行效率的监控等，都与 ERP 系统紧密相关。我个人认为，ERP 系统对于单一的业务或流程结果的查询和输出是很高效的。另外，我们所有合作厂商的数据也都在公司的 ERP 系统里。同时，公司的售后系统包括配件的管理和买卖也集成在 ERP 系统中，这样能够使公司更好地跟客户进行对接，慢慢把服务做得越来越精细。"

产品研发中心主任王志海补充道："实现协同数字化以后，适应的数据量大了。之前我们以火车客车为主要产品，这几年主要以高速列车为主要产品，以前火车客车每个产品只涉及一个车型，或者卧车，或者座车，或者其他。现在高速列车一个产品就涉及两个车型甚至三个车型。像动车组的话，八列的是五个车型，十六列的是九个车型。另外，以前的火车客车就是客车系统，没有控制，也没有牵引，比较简单，而动车组是机车、客车一起设计，网络控制、牵引、制动、可靠性等的技术含量要高很多，系统的复杂性和技术难度提升了很多倍。所以，就以前的技术而言，设计效率太低，而通过数字化或者网络化，大家在一个平台上、一个系统里开展设计，数据可以交互，并能进行资源共享，可以说现在要是没有这套系统就没法工作。"

（三）ERP 系统在其他领域的应用

ERP 系统引入的初衷是服务于动车组生产技术的引进和应用，但是在真正实施落地之后，带给企业的变化已经不仅仅局限于动车组的制造了。

碳钢生产线就是受益于 ERP 系统的案例。在 ERP 系统的基础上，结合工位制、节拍化的制造模式，从传统生产线转化成具备柔性的智能生产线，同时也为企业后续数字化管理的实施打下坚实的基础。

另外，科技管理部的蒋部长认为，ERP 系统的引入使数据从源头就得以保存，包括科技立项、设计过程的管理，成果、协议的上传和存档等，这是一种知识的储备。"之前很多资料都在个人手里或者存在档案室，一旦出现意外事故或者员工离职，这些资料就会丢失。但是 ERP 系统引入后，所有的资料都上传至 ERP 系统中，即使出现人员流动，其他人也可以通过资料快速上手业务。"他很欣慰地说道。

（四）ERP 系统带来的生产管理模式转型

ERP 系统帮助源车集团提高生产效率的背后，其实也带来了生产管理模式的转型。刘总工程师对于这一点体会颇深："以前我们的信息化主要是在上层，从技术研发工艺到产能制造数据这条线还是比较明确的，对生产现场管理更多的是对人员的调动进行管理。随着 ERP 系统在高速列车生产线上的成功实践，我们也需要在普通列车的生产线上推进 ERP 系统的实施。但是在推进的过程中，我们才意识到企业没有自己的东西，也就是没有总结出比较规范的适合企业发展或者企业管理的生产制造模式，缺乏全局观和驱动力，所以在应用的时候，利用率很低，效果也不是很理想。"为了改善这样的状况，公司决定进行生产管理方式的转型，具体来说就是实行"精益生产"，即推进"工位制、节拍化"的制造模式。

刘总工程师回忆道："公司从 2011 年开始实行精益生产，提供集成制造、智能生产生产管理方式。从 2014 年开始，我们把这种生产管理方式融入 ERP 系统，对相应功能进行调整并启用，取得了很好的效果。例如，我们在碳钢生产线中推行工位制、节拍化制造模式，取得了很好的应用效果，减少了工位在制品数量，提高了生产效率。"

"到了 2015 年，我们的集成生产开始在整个源车集团推广。在推广的过程中，我把这个管理系统称为制造过程管理系统，它在原有的制造系统之上，将集成生产模式和管理系统融在一起。应该说 ERP 系统使我们的生产管理方式发生了变化，ERP 系统能够更好地把我们的生产管理方式推广到整个源车集团。"

制造技术中心的曾主任也深刻地意识到了信息化与管理方式之间的关系："工艺信息化最关键的是信息与业务的匹配，公司的业务发展、管理架构和管理细度决定了信息化发展的水平和方向。当管理细度程度不足时，直接实施信息化会非常困难，也没有明显的效果。信息化和管理方式是相辅相成的，但是两者不能相差很大，否则信息化得不到应用。"

公司在研发平台上也集成了 ERP 系统的技术管理模块，设计师可以按照设计流程制订计划、分配任务角色、实行进度管理，设计完成后还可以对计划的完成情况进行查看。产品研发中心主任王志海说道："现在公司的整个设计过程都在平台上面管理，在前期方案设计阶段，所有资料都要按照管理计划提交到 ERP 系统中。这个系统是把全部设计过程的所有数据都要管理起来。并且把客户的需求信息及技术供应商的方案信息都归纳到系统中。"

除此之外，ERP 系统的实施使企业对人员的要求有所提高，对人本身的工作方式和效率产生影响，这也在一定程度上促进了生产管理方式的转变。

三、智能制造：尝试与困境

（一）智能制造相关系统

除了 ERP 系统以外，源车集团 TL 分公司在智能制造的道路上也做出了其他的尝试，无论是产品的研发、设计，还是制造、物流等环节，都有众多的信息系统对企业的日常生产和运作进行支撑。

从产品设计来看，公司从 20 世纪 90 年代就开始使用 AutoCAD 软件进行设计，后来使用三维设计软件 Pro/E，以实现从二维向三维的转变，例如，现在的动车组和城轨都是用 Pro/E 进行设计的。

"我们采用 AutoCAD、Pro/E 进行设计符合行业的趋势和潮流，也确实能提高效率。最早的时候需要设计师在图板上先画出设计图，再由描图工描图并晒图，这种形式效率很低。现在我们直接通过计算机使用制图软件直接设计，不需要再描图、晒图，所以采用数字化的手段，效率提高了不少，而且许多设计资料、图纸、技术文件都可以重复使用，也可以作为资料保存，采用数字化手段的优势很明显。"产品研发中心主任王志海欣慰地说道。

除此之外，公司还基于 Windchill 开发了一个设计平台，集成 Pro/E 等软件，支持在网络的环境下进行系统设计，在管理、协同设计、控制方面都更加方便。

技术研发部 2011 年成立时只有三个部门——系统技术部、列控技术部和仿真实验技术部。当时动车组的引进及 380DL 车型的研发刚刚结束，公司高层深刻认识到技术基础研究的不足，所以单独成立该部门。历经五年，该部门已从最初的四五十人发展到现在百余人的规模。该部门的数字化主要体现在三个方面：首先，仿真实验平台几乎覆盖了两线四系产品的结构强度、疲劳、碰撞、车辆动力学、空气动力学、振动、噪声、电磁兼容、制动、牵引等一系列的仿真试验；其次，辅助仿真分析的手段也在不断完善，从最初购买商业软件到进行二次开发，实现了工作效率和质量的提升；最后，一些自主研发的辅助工具，显著提高了原来手工计算的准确度和效率。

提到技术研发部和产品研发中心的交互，技术研发部李主任以公司目前使用的一个仿真技术平台为例进行介绍："比如研发设计一个新产品，产品研发中心有一个模板，技术研发部为模板提供了需要在车体、转向架、电气等方面应该完成哪些仿真计算和部件级试验，以及需要符合哪些规定等信息。根据模板核查公司是否有类似产品，产品中哪些部件相同，哪些是需要全新开发的。如果部件相同，只需要在开发系统里提交任务，根据提交的任务进行分解，然后根据分解的任务计算研发人员的数量；如果部件不同，则这个部件清单里的所有项目都要计算研发人员的数量。获得最终产品后相关人员一起进行评审，对产品的优化或改善提出建议。"

制造技术中心承担着制造产品的重任，它将技术研发传递过来的三维模型、设计参数等数据在工艺部转化成制造图、规程、作业指导书等工艺数据，然后再传输到制造执行系统（简称MES系统）。数据传输过程中涉及两个系统，即工艺技术平台和MES系统。

工艺技术平台是将设计和工艺流程都集成在一个平台上。根据两线四系的主要产品定义平台模块，包括高速动车组平台、城轨平台、普通客车平台和磁悬浮平台。目前该平台还处于融合阶段，需要逐步细化工作。该平台的目标是根据研发设计选择的模块，确定相应的工艺制造方法，并且保持资源配置的统一，从而提高工艺设计效率，减少变更。

MES系统是面向制造企业车间执行层的信息化管理系统，原来的系统只是用于车间生产计划管理和调度。源车集团在ERP系统实施后，通过将原来的MES系统和ERP系统融合，将原先未使用的相应功能调整并启用，实现业务管理和现场作业的信息同步化，保证ERP系统的相关数据更及时有效地进行反馈，从而提高生产效率，高效实现计划目标。

公司现有一套商务智能系统（简称BI系统），能够从ERP系统中提取数据，对物流等环节进行分析，为后续的运营和决策提供建议，从而确定最优的商务方案。

（二）设计、生产的智能化

1. 信息化、自动化基础薄弱

源车集团虽然已经在设计生产阶段做了很多信息化和数字化工作的尝试，但是与智能制造仍然相距甚远。刘总工程师越是深入地了解智能制造，就越能深深地感到公司与智能化的差距。

（1）设备的自动化基础薄弱。

"以前信息化做的工作更多的是偏向于办公软件系统，真正和制造环节相关的，不是特别多。像源车集团这种比较传统的企业，市场对产品的需求量不是很大，又因为多品种、小批量这种产品制造模式本身的特质，所以企业自动化的程度不高。对于公司而言，自动化程度较高的车间有一些自动化的设备，但是这些设备更多的是单点应用，比如说机房、下料、焊接等，像汽车制造厂那种集成化程度很高的生产线基本上没有。"刘总工程师深有感触地说道，"近几年，由于媒体曝光程度的提升，以及国家领导人对于高速列车制造行业的重视，高速列车以一种新兴行业的形象进入了人们的视线。其实这个行业属于比较传统的制造行业，这是由其产品的特点所决定的。大概在十年前，轨道交通制造行业的产品主要以卧铺客车和硬座客车为主，结构相对简单。而引入动车组技术之后，无论是产品的复杂程度，还是工业制造的能力都上了一个很大的台阶。但公司的厂房和设备相对还停留在传统制造企业的水平，自动化基础较为薄弱。"

制造技术中心的曾主任也坦言："公司智能制造的战略中就包括了自动化，而自动化设备更重要的是替代原有劳动量比较大、环境恶劣的岗位，至于其他岗位在自动化要求中并不是重点。"

（2）信息化基础薄弱。

除了设备的自动化基础薄弱以外，源车集团系统软件使用方面也面临着智能制造战略所带来的困境。比如面向企业业务口的应用，以前的思路是用于企业某一部分业务，但智能制造要求企业站在整个产业链条的角度，有更清晰的全局观和协同意识，从而提升产业链的价值转化率。刘总工程师表示："信息化的管理、自身的网络环境、硬件设备、系统的维护这些工作技术是否扎实，需要我们不断审视，感知与智能化目标的差距。"

从产品研发到工艺设计首先要实现数字化，之后的生产过程才能实现数字化，这份工作无论是难度还是工作量都是很大的，因为涉及以前众多的产品和历史数据，都需要进行转换才能应用。比如工艺部门的生产制造模块化，该工作从 2011 年开始，近几年一直在推进。但目前只在碳钢产品以及城际动车产品方面进行了模块化试点尝试，后面工作还有很多，需要把之前几十个系列的产品组合到一块，工程很庞大。因此，本就薄弱的信息化基础为智能制造的实施带来了阻碍。

2. 管理模式及流程需要优化

由于 ERP 系统的引入，源车集团的生产管理已经发生了一些转变，但是管理模式和固化的管理流程仍然是制约源车集团智能制造的重要因素。

从 2006 年以来，已经有越来越多的传统制造企业开始推行 ERP 系统，并通过和一些信息系统的集成，实现产品生产制造的全过程管理。但是在该行业里真正能够把 ERP 系统成功地大范围应用的企业并不多，更多的是停留在获取、储存信息或者研究试运行的阶段。这是由中国传统制造企业的管理模式和流程难以与 ERP 系统内蕴含的先进管理模式及优化流程融合所导致的。因此，总结出比较规范的适合中国传统制造企业发展和管理的一套生产制造模式就显得至关重要。刘总工程师对这一点颇有体会："我们到企业去调研，表面上感觉都差不多。但是从整个管理模式来看却是千差万别的。"

管理流程本身也要变化，只有工具是没有作用的。前期的数据基础要扎实，哪些流程能产生数据，数据的准确性有多高，数据能不能及时展示，这些都是需要在管理流程中表现出来的，是一个综合管理水平的体现。同时，先进技术的引进还需要伴随工作人员素质的提高，也就是说要对员工进行适当的培训。

但是这中间还存在一个矛盾点，即管理得越细，管理成本就越高。尤其是现在的生产环节大部分仍然是靠人工操作实现的，制造一辆动车需要二十四五天，大约 700 名员工，管理成本之大可想而知。因此在智能制造的战略下，如何在优化管理模式及流程的同时降低管理成本是企业所必须摆脱的困境之一。

3. 系统集成难度大

信息化初期，由于缺乏全局观，使得企业起初的信息化举措缺乏条理，只考虑眼前的、局部的绩效提高，这就造成了系统之间存在严重的异构问题，为后期各系统的集成带来困难。"从前不同的车间和部门分别实现信息化管理，表面上车间和部门内部实现了所谓的信息化，但是车间和部门之间的信息沟通仍然没有改善。"刘总工程师通过这几年源车集团的信息化进程，逐渐意识到了信息系统集成困难的症结所在，"信息系统的利用率低，并不是说实现不了它的功能，关键还是在使用的驱动力上，或者说驱动这些软件的思想比较差。"

目前就源车集团内部的产品研发制造环节而言，PDM 系统与 ERP 系统已经顺利集成，以后还需要继续延伸，但这套系统存在向工位级别延伸的困难，所以又要建立一套过程管理系统，后续与其他系统的集成仍然是智能制造在设计生产环节的难点。

（三）物流内外协同

据物流中心曹主任描述，当前源车集团物流数字化所要解决的问题主要集中在以下几个方面：

"第一个是整个标准化体系的建设，这个是最基础的事情，没有标准化，我们的工作就无法进行。第二个是监控接触、监控节点的定义，并不是所有的作业过程都要进行监控。第三个是系统平台的数据接口，需要获取物流数据进行数据处理和基础开发。第四个是整个系统的应用调试及模块的拓展。"

物流中心曹主任也对上述问题成功解决后的效果充满希望，他明确表示，数字化带来的成效主要体现在两个方面，首先是运营管理及时性的提升，比如部门和公司能够及时地掌握整个物流体系的实时信息，能够及时发现问题并解决，进一步通过 BI 系统对决策提供一定的支持。其次是对于指标体系的建立，依据标准提取数据，这对于提升物流的管理水平和工作效率是非常有好处的。

但就目前而言，物流体系是依托于 ERP 系统的，由于其局限性，还不能达到想要的效果。

1. 现有的 ERP 系统不能满足所需的数据需求

物流中心曹主任随后又通过举例详细地描述了自己对未来信息系统的期待："比如和台州合作的项目，我希望能够知道 3 天之后我要收到什么料，包含哪些种类，属于哪个项目，这些物料在仓库里边还有多少库存，还能够满足后续多长时间生产等一系列更为直观的信息。但现在这些数据并不能直接生成，也就是说，我无法从 ERP 系统中直接一次性地提取这些数据，只能通过人工操作来实现。在源车集团信息化的实践过程中，作为核心的 ERP 系统虽然能够把各个模块有效地管理起来，如物料管理（MM）模块、仓储管理（WM）模块、财务（FI）模块、销售（SD）模块等，但是仍然无法满足物流部门的需要。企业需要的是把每个模块的运行结果串连起来形成综合信息，而不是单独一个模块的数据。所以说企业所期望的实际上是集采购、物流、生产、销售于一身的物流运营中心，实现各部门共用一套系统，既可以提高库存空间的利用率，也能提高管理水平。

2. 数据标准化规则难以制定

提起物流的数据标准化问题，物流中心曹主任的脸上又泛起了愁容："规则体系有很多难解决的事。比如说我们现在要控制库存，需要先确定一个标准，后续的工作都遵守这个标准。但实际上，这些物料不能完全按标准运行，它需要有弹性，需要考虑舱位利用率、最小订货批量等指标。因此制定好了标准执行起来仍会遇到不少问题。"

"但是没有这个标准，我们又会整天忙。因为空间是有限的，杂乱无章的摆放会造成库存空间极其短缺，当多种物料同时到达时，就会无法兼顾。"物流中心曹主任深深地感到物流管理工作的艰难，公司对于库存面积、库存周转及资金专用都有限制，如果还缺乏标准化的信息系统支撑，工作开展更是举步维艰。这样的现状导致供应和采购两个部门整天推卸责任，导致物流管理的效率变得更低了。

3. 储运一体化的设计

储运一体化一直是企业物流管理的策略之一，物流中心曹主任也一直想从这方面下手，以求能更快更好地实现这一战略，从而促进物流管理水平大幅度提升。但事实上，储运一体化并没有想象中的那么容易，因为其对于物流信息的及时性传递等方面的要求很高，这就需要高效的信息系统进行支撑。物流中心曹主任也坦言他们在这方面的不足："目前储运一体化工作的设计，虽然已经有一个较好的、现成的范本和思路，但实施起来还是存在很多困难。"

"如果能成功搭建一体化的物流储运系统，会给生产带来极大的便利。比如有的供应商可能只提供一种部件，有的供应商可能提供多种部件。从供应商处采购时就可以知道打包的物料是要用在哪个工位上，结合工位制、节拍化，可以将物料与生产车间的生产计划直接对应起来，这个过程中包括了来料、收货、质检、清点以及物料的存储。这样的话，生产效率就会大大提高，也能提升库存空间的使用率。"因此，支撑物流储运一体化设计的系统一旦建成，源车集团的智能制造将向前迈进一大步。

（四）供应链协同

供应链协同中涉及企业与上游供应商和下游客户之间的协同，通过这种协同可以有效地提升整个链条的运转效率并实现增值。在这一环节上，源车集团所处困境也主要是围绕着链条上的这三个核心主体存在的。

1. 供应商

对于源车集团 TL 分公司而言，除了生产转向架之外，大部分都是为了满足集成的需要，就会涉及和供应商之间的协同。这其中又会涉及几个功能模块，从简单的说起，涉及采购业务、供应业务，公司的生产计划需要传给供应商，包括准确的用料需求等信息。而同时，供应商将生产进度、交货周期、发货信息等数据进行反馈。

综合发展中心刘主任也提到了与供应商的协同问题："前两年我们在集成生产过程中也在推行面向供应商的协同系统，主要是针对周围供应商的一些采购策略。而针对我们的信息系统来说，如何进行相应的管理，也是一个问题。经过去年的摸索，基本需求已经总结出来了。今年将会实施一个包括供应商本身的管理和供应商的协同系统。这其中有些是需要供应商和我们一起设计的，从而打造一个专业化的产品。另外，目前管理的方式还相对简单的多，随着对供应商的要求越来越细，要逐步考虑产品的维护、运行、检修，以及和供应商之间的细致交流等问题。"

除了软件系统上的缺乏以外，对于供应商的管控也需要进行适当调整。主要是指公司有需求的时候，除了通过原始的采购技术规范或者技术协议进行约束外，还应通过后续信息系统的介入对其进行全过程的监督，直至交付为止，并对供应商的行为进行记录和评估。与此同时，源车集团也鼓励供应商创新，并对通过铁路系统验证，经过应用考核的创新进行使用。就目前而言，对供应商的管理暂时无法实现，也就是说，无法提供类似于 IRIS 的标准，不能把企业现有的管理模式移植到供应商管理中去。

2. 企业内部

企业内部同样也存在协同问题，而这种协同更多的是围绕企业生产制造这条链条开展的。

有了信息系统之后，整个企业如何利用这些信息进行管理，业务流程中产生的数据又如何提取出来，怎么应用，就是协同所要解决的问题。系统存在的目的是为人所用，对不同层级的管理人员来说，怎么去用，哪些人用什么，就涉及数据的保护与授权，进一步实现数据分析支持决策。提到这里，刘总工程师介绍了源车集团在这方面所做出的努力："企业运营数据分析的建设，去年已经实施了第一期，我们的 BI 系统已经建起来了，后面这两年需要进一步细化，根据我们的质量、生产、研发、采购这些领域研发更深入的数据应用，研究怎么通过数据分析反馈到我们的业务系统中来，把这个链条建立起来，根据各个主题进行细化，争取能够在 2019 年把数据的应用从统计分析上升到支持决策，从而起到预测、预警的功能。"

3. 客户

在整个供应链中，与客户相关的流程包括订单查询、询价议价、进度监控以及库存查询等，为了加强客户管理，提升公司的服务质量，源车集团搭建了客户管理协同平台。有了这个客户管理协同平台，公司就能随时接收到客户的产品订单并查询相关产品的库存信息；客户也能随时查看下单产品的生产进度，监督企业对订单的完成情况。

刘总工程师提到与客户的协同时，说道："过去我们与客户的沟通基本上都是通过电话或传真，为了能向客户推荐我们的产品，并解决已购买产品客户的各种问题，我们需要大量的人力去维护客户关系，但客户流失率仍居高不下。去年我们为了加强客户管理，在公司和客户之间搭建了客户关系管理协同平台，实现从售前到售中再到售后的全流程管控，用来帮助我们提升客户的满意度。总的来说，这个系统就是给现有客户和意向客户设立一个专属服务平台。在这个平台上，企业可以向客户推送最新的产品/服务资讯，客户也能够在平台上发起相关的请求。这些需求能够被推送到相关部门，借助这种方式，企业对客户请求的响应时间将大大缩减。比如，现有客户想知道企业对自己订单的完成度，就可以通过这个平台直接查询到已下订单的生产进度。"

"另外，目前的管理还比较单向，主要是客户对企业的数据查询，随着和客户的深度合作，我们会逐步将客户对相关产品的需求集成到平台上，以保证能预测客户的需求并及时为客户供货。我们希望通过这个协同平台，客户的需求和问题能得到第一时间的回应和解答，大幅提升客户满意度；同样也能帮助我们企业内部的营销人员研究客户行为，为客户提供个性化的定制服务和良好的售后服务。"刘总工程师对将来集成客户需求的客户管理协同平台充满着信心。

（五）多样化需求与个性化服务

1. 定制化需求增加，竞争越发激烈

随着中国轨道交通制造行业的快速发展，客户的需求也发生了变化，从生产批量来看，制造的规模越来越小。而且由于产品的复杂性，客户的定制化需求也在不断变化，所以对企业生产能力和快速反应力的要求都越来越高。那么如何去解决，这就需要通过引入信息化实现客户需求的快速响应。通过使用相应的系统、工具、技术等，以及对管理模式

的优化，可以把企业各个业务的流程集成起来，将流程上运行的数据从上到下贯通起来，为下一步实现智能化管理奠定基础。

"以前作为卖方市场，我们生产什么就卖什么，基本上也会考虑到不同的客户的需求、地域、文化传统等，客户也能接受，因为没有更多的选择。现在不一样了，作为买方市场，市场竞争激烈，客户选择余地变大了，提的需求也就多了。我们本身的产品如何去满足这些需求，对整个生产制造过程提出了很高的要求，需要我们有快速反应能力。"刘总工程师回想起近几年高铁制造业的变迁如是说道。

2. 平台化程度不高

随着"互联网+"的到来，各行各业都开始关注平台模式所带来的优势，传统制造企业也不例外。

现在每个客户都有自己的要求，海外市场中，各个国家城市轨道交通标准各异，不同的线路都需要个性化定制，目前来讲，虽然差异不大，但仍然需要及时高效地响应客户的需求。在产品研发过程中，源车集团需要考虑客户需求的变化，但是产品需求及批量不能达到平台化的程度；同时，供应商由于需要与企业协同，就要跟着企业进行变化，但供应商又面临更多的客户，这样整个供应链链条就容易膨胀，此时企业对供应商的管理难度就增加了。因此，源车集团的平台化程度还需提升；同时，在企业内部，也要进一步加强扁平化管理，中间环节越少，各环节流转的效率越高，反应能力、交互能力也越强。

3. 与客户互动较少，需求信息不能重用

产品创新主要包括源于客户和源于技术发展趋势这两个方面的驱动创新。有的客户有个性化的要求，如果与企业生产的产品不同的话，就要重新设计，激发了创新。另外，有些企业为了开拓市场，增加产品的竞争力，需要主动搞一些创新，借助行业的发展趋势，实现技术创新。

从源车集团目前的情况来看，每个城市客户的需求是不一样的，同一客户每次订单的需求也是不一样的，没有可以重复利用的。也就是说之后的新客户需求中可以用来借鉴的很少，这是需求的多样化所导致的。市场部主管解释说："我们需要跟客户沟通达成一致，这样才能给他们提供一种私人定制化的产品，但其中与客户互动型的信息系统是没有的。"

另外，每个项目都有专门的项目经理和区域经理负责，以项目为主单独开展工作。这样虽然客户信息得到了保护，但不同需求的设计得不到借鉴。

源车集团的智能制造仍然任重道远，究竟如何摆脱各环节的困境，实现日益清晰的智能化蓝图呢？

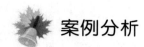

案例分析

1. 学习目标

本案例描述了在智能制造的背景下，源车集团应如何改变传统的生产方式和管理模式以适应新技术为企业带来的深层次变革，原有 ERP 系统与新系统如何集成以应对智能制造带来的机遇与挑战，传统制造企业的智能制造之路如何走下去。通过对该案例的学习，理解传统制造企业在智能化转型过程中所面对的挑战；理解传统制造企业的智能制造转型需求，利用相关管理理论及思想进行智能制造转型方案的构想与设计。

2. 启发思考题

（1）你认为《中国制造 2025》对传统制造企业提出了哪些新的需求？

（2）源车集团 TL 分公司当初引入 ERP 系统的原因是什么？如今在智能制造转型的道路上 ERP 系统起到了什么作用？

（3）对于传统制造企业而言进行智能制造转型最重要的是什么？源车集团 TL 分公司为实现智能制造的愿景，还需要做哪些努力？

3. 分析思路

本案例以源车集团 TL 分公司智能制造转型过程为主线，描述了其在智能制造转型过程中面临的种种困境：管理者的固化思维、ERP 刚性及新旧系统集成、合作伙伴间协同困难等，并阐述了在此过程中的各种应对策略和智能化解决方案。

案例分析思路与步骤如图 1 所示。

4. 理论依据与分析

你认为《中国制造 2025》对传统制造企业提出了哪些新的需求？

【理论依据：智能制造需求】

智能制造的定义：智能机器+人类专家组成人机一体化的智能系统，并在制造过程中进行相关的智能活动（如分析、推理、判断、决策等）。

智能制造的五大特征分别为：自律能力、人机一体化、虚拟现实技术、自组织、自学习，至少具备 5 个特征中 2 个特征，才称得上智能制造。智能制造中 ERP 的定义和特征如图 2 所示。

随着信息和通信技术的快速发展，智能制造成为制造企业的热门话题。据业内专家研究，智能制造是被网络物理系统（CPS）所触发的，CPS 被定义为变革性技术，即将计算

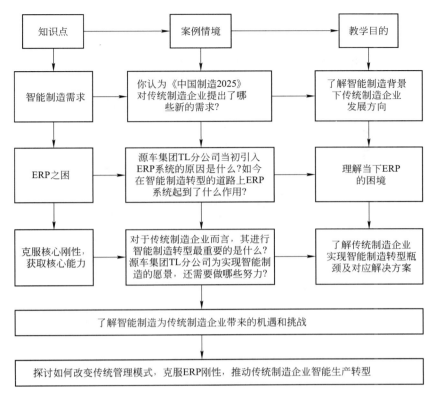

图 1　案例分析思路与步骤

机技术和物理技术集成并与人类进行互动。智能制造将提供更高效的过程，降低成本，提高产品质量，提高生产率，最终提高制造企业的竞争力。因此，越来越多的制造企业将进行智能制造转型。然而，智能制造转型的实施是一个巨大的挑战，这意味着企业业务运营模式的转变。

尽管源车集团过去有伟大的成就，但它不得不面对近年来从内部到外部的巨大挑战。内部挑战源于其不断扩大的生产能力。到 2015 年，集团的产出达到每年 144 个动车组，600 辆城市轨道车辆和 2 000 辆传统铁路客车。如此庞大的数量超出了公司现有的信息技术能力，这就要求公司实现整个业务操作的数字化转型。外部挑战来自《中国制造 2025》，它专注通过信息技术和产业整合来实现智能制造的发展。因此，作为一家国有企业，源车集团决定进行智能制造转型。

【问题分析】

了解智能制造以及《中国制造 2025》对传统制造企业带来的影响。此外，通过对智能制造的了解与认知，思考 ERP 系统与智能制造的关系，如何确定 ERP 系统在智能制造

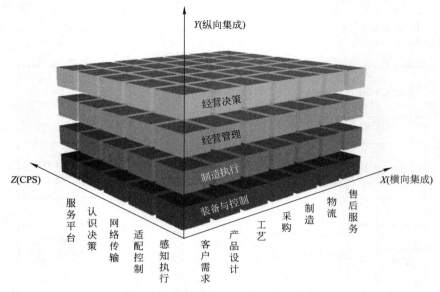

图 2　智能制造中 ERP 的定义和特征

中的地位。

通过案例的阅读，归纳出《中国制造 2025》对传统制造企业提出的新需求有如下两方面。

（1）以信息技术为驱动力，以产品智能化、装备智能化、生产智能化、管理智能化、服务智能化为目标，实现在技术、管理、商业模式等层面的立体化创新。

（2）通过精细级、精益级、智能级三个层级持续推进，最终实现让信息化成为驱动企业技术创新、管理创新、商业模式创新的核心要素，打造世界一流的智能制造企业。

源车集团 TL 分公司当初引入 ERP 系统的原因是什么？如今在智能制造转型的道路上ERP 系统起到了什么作用？

【理论依据：ERP 之困】

作为一种先进的企业管理模式，ERP 系统最早由美国 Gartner Group 咨询公司在 1993年提出。由于其能够将企业的物流、人流、资金流、信息流统一起来进行管理，实现资源利用的最大化，自诞生以来，很多企业纷纷上线 ERP 系统，然而实施的成功率却并不高。随着管理思想的日益成熟和人们对 ERP 系统理解的不断加深，企业实施 ERP 系统变得更加理智和具有前瞻性，ERP 时代正在逐渐向后 ERP 时代过渡，云计算、SOA（面向服务的架构）、BI 等新一代信息技术正在推动后 ERP 时代的到来。

ERP 系统的成功实施是实现智能制造的必经之路。ERP 系统在企业的各个模块中都发挥着至关重要的作用，除了产品研发和制造环节以外，ERP 系统对物流中心的影响也是巨大的，物流中心的信息化体系主要是两个模块，其中一个就是 ERP 系统中的 WM 模块，如前所述，该模块将收货、质检、存货、配送等各个环节的物流和信息流统一起来，同时还涉及一些额外内容，比如仓储和配送管理的应用调度分析、运行效率的监控等，都是与 ERP 系统紧密相关的。

然而由于 ERP 的固化和刚性，导致其成为传统企业转型的"路障"。在智能制造的背景下，ERP 系统如何实施是非常重要的。如何在 ERP 系统的基础上进行优化并实现智能制造转型一直困扰着制造企业。由于制造企业信息化程度及发展模式各不相同，直接照搬其他企业的经验显然是不行的。在智能制造的背景下，如何实施并优化 ERP 系统，是一个值得传统制造企业深入研究的问题（如图 3 所示）。

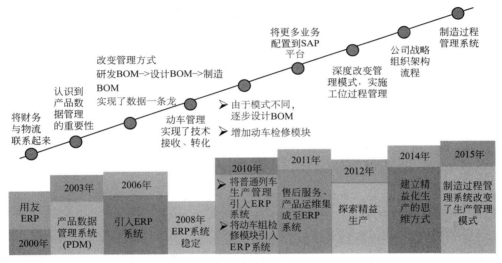

图 3　智能制造：ERP 之困

在智能制造的背景下，ERP 系统实施的内容和范围已经发生了变化。但"ERP 过时论"是一种错误的认知，MES（制造执行系统）并不能代替整个生产管理。此时 ERP 系统的集成问题和选型问题成为传统制造企业 ERP 系统实施的关键。智能制造背景下 ERP 系统的实施如图 4 所示。

【问题分析】

分析 ERP 系统"当年"和"今天"的不同，思考智能制造背景下 ERP 系统的地位和作用的改变，理解 ERP 系统"当年的能力，今天的路障"的含义。

（1）源车集团当初引入 ERP 系统的原因。

如前所述，ERP 系统在公司的各个模块中都发挥着至关重要的作用，引进 ERP 系统之后，工艺部门的职能扩展了，系统有一些 BOM 的生成、工艺路线的设计等都需要在其中进行开发，然后工艺制造的数据就会保存在 ERP 系统中。产品研发中心产生的数据，

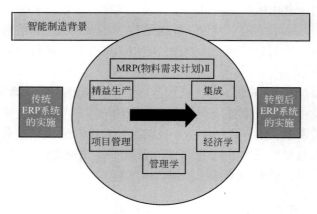

图 4　智能制造背景下 ERP 系统的实施

都要正式归档到 ERP 系统中，ERP 系统保存了大量的结果数据。此外，公司产品的运维和检修也是在 ERP 系统中进行管理的。除了产品研发和制造环节以外，ERP 系统上线以来对物流中心的影响也是巨大的。

　　除此之外，ERP 系统的引入也使企业对人员的要求有所提高，对人本身的工作方式和效率都有影响，这也一定程度上促进了生产管理模式的转变。

　　（2）在如今智能制造转型道路上 ERP 系统的作用。

　　由于 ERP 系统的引入，源车集团的生产管理已经发生了一些转变，但是管理模式和已经固化的管理流程仍然是制约源车集团智能制造的重要因素。

　　从 2006 年以来，已经有越来越多的传统制造企业开始推行 ERP 系统，并运用其和一些信息系统的集成，实现产品生产制造的全过程管理，但是在该行业里真正能把信息系统成功地大范围使用的案例并不多，更多的是停留在获取、储存信息或者研究试运行的阶段。也就是说，国内真正能够把上下贯穿起来的制造企业几乎没有。但这并不是功能难以实现等软件系统本身的技术原因所导致的，更多地是由于中国传统制造企业的管理模式和流程难以与系统融合所导致的。因此，总结出比较规范的适合中国传统制造企业发展和管理的一套生产制造模式就显得至关重要。

　　从引入 ERP 系统开始，源车集团陆续在设计、工艺、制造等环节上线多种信息系统，并不断进行智能制造的尝试，但传统的生产模式和管理模式难以适应技术为企业带来的深层次变革，使得智能制造的步伐进展缓慢。另外，本来引以为豪的 ERP 系统也随着系统复杂度的提升，反倒成为了智能制造过程中系统集成的难点和重点。

　　所以在传统制造企业智能制造转型过程中，ERP 系统起到了至关重要的作用。如何充分利用 ERP 系统"之长"、改善系统 ERP "之短"以更好地支持智能制造转型，是传统制造企业亟待解决的问题。ERP 系统的优势与劣势见表 1。

表 1　ERP 系统的优势与劣势

	优势	劣势
业务逻辑	计划驱动的执行控制	不确定性事件下的自主协同
系统逻辑	集成化的业财一体	协同过程的行为价值整合
应用逻辑	精细化的最佳实践	商业模式不断创新中，管理体系的快速重构

对于传统制造企业而言进行智能制造转型最重要的是什么？源车集团 TL 分公司为实现智能制造的愿景，还需要做哪些努力？

【理论依据：克服核心刚性，获取核心能力】

（1）克服核心刚性。

作为一家大型传统制造企业，由于核心刚性引起的不恰当管理和技术系统为其智能制造转型带来了很大的麻烦。例如，公司专注于生产任务以至于忽视了智能制造的愿景，这导致了员工对于变革的抵制，因为他们对智能制造没有一个深入和一致的理解。核心刚性是源车集团智能制造转型至关重要的阻碍，因为它阻碍了新功能的开发。

克服核心刚性的两种方法如下。

第一，创建一个共享的公司特定的智能制造愿景。一方面，邀请一些专门从事智能制造的国外专家来公司讲学，帮助员工理解智能制造的基本概念和需求。另一方面，一些内部利益相关者，从最高管理层到一线管理者，需要经常从业务的角度讨论公司的工业 4.0 现状。

第二，使公司与现行惯例分离。一方面，近年来源车集团依照智能制造和公司的需求引进了许多最新的信息系统和机器。例如，公司推出了制造执行系统软件，以跟踪和记录产品在线路上的多状态信息。源车集团还建立了国家级的仿真分析和虚拟现实平台，促进了虚拟世界和现实世界中的实体的无缝衔接。另一方面，为了鼓励员工在智能制造转型过程中参与和创新，公司给予有关部门专项基金并帮助他们解决实际困难。

（2）获取核心能力。

基于 CPS 的智能制造需要企业不仅要克服核心刚性，还要获取核心能力以更好地满足消费者需求。核心能力主要体现在价值链的纵向和横向集成方面，它的发展对源车集团提出了巨大的挑战。

获取核心能力的两种方法如下。

第一，组织内价值链的纵向集成。源车集团开始协调公司的各业务流程并整合不同的信息系统模块，以提供端到端的数字连接。例如，通过集成企业资源计划、产品数据管理和制造执行系统，生产指令可以自动、及时地从企业层分配到车间层。通过鼓励跨部门沟通和共同解决问题，公司也加强了各部门间的合作。又如，为了提高设计的效率和水平，研究中心与制造部合作，分别基于各自的业务知识开发高速列车数字仿真平台，从而提高了这两个部门之间的相互了解和相互信任。

第二，价值链中所有合作伙伴之间横向一体化。横向价值链主要包括供应商、公司和客户。在智能制造的背景下，增加横向集成的主要原因是能更好地满足客户需求。因此，一方面，公司和它的供应商深入探讨接口和数据标准化，是纵向集成的一个前提。另一方面，有关用户需求的一系列数据可以由公司的专门系统收集、存储和分析。源车集团还快速高效地向其供应商展示了部分生产轨道交通设备的数据。

【问题分析】

对于传统制造企业应如何进行智能制造转型，可通过资料查阅及对 ERP 刚性进行分析，总结归纳要点。

首先，对于传统制造企业来说，进行智能制造转型是一项具有挑战性的任务。尽管这一课题在许多制造企业中占据着主导地位，但在具体实施过程中仍然面临着难以解决的问题。一个原因是组织僵化导致的变革阻力，这是历史悠久的大型组织的共同问题。另一个重要的原因是智能制造的复杂性，它要求企业从内部流程到外部整合进行有效的变革。

其次，克服核心刚性和获取核心能力对于传统制造企业进行智能制造转型是非常重要的。为了克服核心刚性，源车集团采取了两项措施：创建一个公认的企业智能制造愿景和把公司与现行惯例相分离。同样，在智能制造的背景下，源车集团通过两种方式获取核心能力：价值链的纵向一体化和所有合作伙伴之间的横向一体化。

最后，案例显示了利用现代信息技术和通信技术促进智能制造转型的重要性。许多专家指出，先进的信息和通信技术可以作为智能制造转型的重要基础设施和推动力，若没有 ERP 系统和 MES 系统，企业无法实现价值链的横向和纵向集成。因此，利用信息和通信技术向智能制造转型是非常有利的。

5. 关键要点

1）关键点

本案例分析了智能制造背景下源车集团的智能制造发展，描述了源车集团的智能化智制造转型困境，以及其如何克服核心刚性并获取核心能力，进行智能制造转型的过程。

2）关键知识点

《中国制造 2025》对传统制造企业提出的智能制造转型需求；ERP 之困如何解决；通过克服核心刚性并获取核心能力以实现智能制造转型。

3）能力点

快速学习能力、批判性思维能力和解决实际问题的能力。

参 考 文 献

［1］CHEN J E, PAN S L, OUYANG T H. Routine reconfiguration in traditional companies′ e-commerce strategy implementation：a trajectory perspective ［J］. Information and Management, 2014, 51（2）：270-282.

［2］LEONARD-BARTON D. Core capabilities and core rigidities：a paradox in managing new product development ［J］. Strategic management journal, 1992（13）：111-125.

［3］LIANG H G, SARAF N, HU Q, er al. Assimilation of enterprise systems：the effect of institutional pressures and the mediating role of top management ［J］. MIS quarterly, 2007, 31（1）：59-87.

［4］PAN S L, TAN B. Demystifying case research：a structured-pragmatic-situational（SPS）approach to conducting case studies ［J］. Informationand and organization, 2011, 21（3）：161-176.